Lady Boutique Series No.4425 TEDUKURI ONEPIECE TECHOU
Copyright ⓒ2017 BOUTIQUE-SHA, INC.
All rights reserved.
Original Japanese edition published by BOUTIQUE-SHA, INC.
Korean translation rights ⓒ2018 by Happy Dream Publishing co.
Korean translation rights arranged with BOUTIQUE-SHA, INC. Tokyo
through Botong Agency, Seoul, Korea

이 책의 한국어판 저작원은 Botong Agency를 통한 저작권자와의 독점 계약으로 즐거운상상이 소유합니다.
신 저작권법에 의하여 한국 내에서 보호를 받는 저작물이므로 무단전재와 무단복제를 금합니다.

입을수록 편안한 오버핏 원피스

개정판 1쇄 펴낸날 2022년 11월 7일

지은이 _ 부티크사 편집부
옮긴이 _ 남궁가윤
펴낸이 _ 정원정, 김자영
편집 _ 홍현숙
디자인 _ 김민정

펴낸곳 _ 즐거운상상
주소 _ 서울시 중구 충무로 13 엘크루메트로시티 1811호
전화 _ 02-706-9452 팩스 _ 02-706-9458
전자우편 _ happywitches@naver.com
인스타그램 _ happywitches
출판등록 _ 2001년 5월 7일
인쇄 _ 천일문화사

ISBN 979-11-5536-199-3 (13630)

* 《매일 입고 싶은 오버핏 원피스》의 개정판입니다.
* 이 책의 모든 글과 그림, 사진, 디자인을 무단으로 복사, 복제, 전재하는 것은 저작권법에 위배됩니다.
* 잘못 만들어진 책은 서점에서 교환하여 드립니다.
* 책값은 뒤표지에 있습니다.

나의 핸드메이드 원피스 04

개정판

입을수록 편안한 오버핏 원피스

즐거운상상

contents

1 사이드 개더 원피스 P.6
How To Make P.38

2 이중 스커트 원피스 P.8
How To Make P.42

3 4

5 오버핏 A라인 원피스 P.10
How To Make P.48

6

7 3way 원피스 앞치마 P.12
How To Make P.45

8 9 오픈 칼라 셔츠 원피스 P.14
How To Make P.52

10 코쿤 실루엣 원피스 P.16
How To Make P.56

어깨 리본 캐미솔 원피스 P.18
How To Make P.59

어깨 트임 플레어 원피스 P.20
How To Make P.62

볼륨 소매 원피스 P.22
How To Make P.64

프릴 스탠드칼라 원피스 P.24
How To Make P.67

슬릿 원피스 P.26
How To Make P.70

스모크 스타일 원피스 P.28
How To Make P.73

카슈쾨르 스타일 원피스 P.30
How To Make P.76

등 리본 원피스 P.32
How To Make P.79

2way 코트 원피스 P.34
How To Make P.82

실물 크기 옷본 사용하는 법 ············· P.36
작품을 만들기 전에 ············· P.37

※ 이 책에 실린 작품은 부록으로 들어 있는 실물 크기 옷본과 그것을 응용하여 (일부 직선 작품은 제외) 만들 수 있습니다. 실물 크기 옷본은 p.36에 함께 실린 옷본 사용법을 참조하여 다른 종이에 옮겨 그려서 사용하세요.

※ 실물 크기 옷본의 치수는 S~M, L~LL 두 가지입니다.

사이드 개더 원피스

몸판 폭은 오버핏으로 넉넉하게,
옆쪽에는 주름을 잡아서 날씬한 느낌을 줍니다.
작품1은 5부 소매, 작품2는 7부 소매로 만들어
사계절 입을 수 있는 유용한 원피스입니다.

만드는 법 ▶ P.38

옷감 | 기요하라
제작 | 고바야시 가오리

만드는 법 ▶ P.38

옷감 | 코스모텍스타일(AY5505-3D)
제작 | 고바야시 가오리

2

이중 스커트 원피스

스커트는 옷감 2종류를 몸판과 연결하여
도킹 원피스처럼 만들었어요.
작품3은 검정 론에 별무늬 자수천으로
시크한 분위기를,
작품4는 흰색 리넨에 시어서커 깅엄을 겹쳐
상큼한 느낌을 주었습니다.

뒤판의 키홀 트임이 귀여운 느낌을 줍니다.

3

만드는 법 ▶ P.42

옷감 │ 자수천 : 요로파후쿠지노히데키
　　　민무늬 : 코스모텍스타일(AD8240-300)
제작 │ 가네마루 가호리

※론(lawn) : 프랑스 리옹(Laon)에서 만들어진
　　　　　얇은 바탕의 리넨이다. 면과 폴리의 혼방.
　　　　　레이온과의 혼방 등 종류가 다양.
　　　　　청량감 있고 비쳐보이며 통기성이 좋다.

4

만드는 법 ▶ P.42

옷감 | 체크 : 누노지노오미세 솔파노
민무늬 : 기요하라
제작 | 가네마루 가호리

오버핏 A라인 원피스

보트넥 네크라인에 어깨 옆폭을 달아 디자인 변화를 준 간결한 원피스예요.
양옆에 주머니를 달아서 편리하답니다. 작품6은 작품5의 디자인에
긴 소매를 달아서 봄, 가을까지 입을 수 있어 활용도가 높은 아이템입니다.

만드는 법 ▶ P.48

옷감 | 유자와야
제작 | 고바야시 가오리

만드는 법 ▶ P.48

옷감 | 코스모텍스타일(AD5187-143)
제작 | 고바야시 가오리

6

3way 원피스 앞치마

양옆에 단 끈을 묶는 법에 따라 세 가지 방법으로
입을 수 있는 원피스 앞치마예요.
다양하게 레이어드해서 입을 수 있는
활용도 높은 아이템입니다.
앞판과 뒤판의 절개선 위치를 달리한 것이
이 원피스의 포인트랍니다.

만드는 법 ▶ P.45

옷감 | 기요하라
제작 | 고바야시 가오리

끈을 양옆에서 묶으면 낙낙한 스타일이 됩니다.
안에 받쳐 입은 옷이 옆으로 살짝 보여서
레이어드 스타일을 즐길 수 있어요.

뒤판 끈을 앞에서 묶고 앞판 끈을 뒤쪽에서 묶으면
앞치마 같은 느낌으로 입을 수 있지요.

반대로 앞판 끈을 먼저 뒤쪽에서 묶고 뒤판 끈을
앞쪽에서 묶을 수도 있어요. 넉넉한 정도는 스타일
에 따라 조절하세요.

오픈 칼라 셔츠 원피스

몸판을 접어서 간단히 칼라를 만들었어요.
굵은 줄무늬 옷감을 사용한 작품8은
밑단을 둥글려서 셔츠의 경쾌한 느낌을 더했어요.
선명한 파랑색 원피스인 작품9는
허리를 드로스트링으로 처리해서 날씬해 보인답니다.

바대는 푸서 방향으로 마름질하여 만들고
뒤판에는 접박기를 해 주었어요.

만드는 법 ▶ P.52

옷감 | 누노지노오미세 솔파노
제작 | 가토 요코

등에 주름을 잡아서 여성스러운 분위기를 살렸어요.

9

만드는 법 ▶ P.52

옷감 | 기요하라
제작 | 가토 요코

코쿤 실루엣 원피스

넉넉한 오버핏으로 치맛단 쪽으로 갈수록 완만하게 좁아지는 실루엣이 귀여워요.
이 원피스는 빅 사이즈 티셔츠 같은 느낌으로 입어 보세요.
카키색 더블 거즈로 만들어서 어느 계절에나 입을 수 있지요.

어깨솔기를 이용하여 트임을 만들었어요.

만드는 법 ▶ P.56

옷감 | 코튼 고바야시
제작 | 고바야시 가오리

어깨 리본 캐미솔 원피스

캐미솔 모양 원피스는 레이어드 필수 아이템으로 활용도가 높아요.
어깨끈을 묶는 위치로 원피스 길이를
자유롭게 조절할 수 있는 것이 특징입니다.
작품11은 어깨끈을 길게 묶어서 롱 원피스로 입었어요.
닻 무늬가 경쾌한 작품12는 짧게 묶어서 발목을 드러냈지요.

만드는 법 ▶ P.59

옷감 | 코스모텍스타일(AD5187-32)
제작 | 시부사와 후사코

만드는 법 ▶ P.59

옷감 | 코카
제작 | 시부사와 후사코

12

13

만드는 법 ▶ P.62

옷감 | 요로파후쿠지노히데키
제작 | 가네마루 가호리

어깨 트임 플레어 원피스

어깨를 살짝 드러낸 플레어 소매 원피스.
노출이 과하지 않아 한번쯤 시도해 볼 만한 디자인이랍니다.
손으로 그린 느낌의 줄무늬 옷감으로 만들어
자연스러우면서도 단정한 느낌을 주었어요.

볼륨 소매 원피스

직선 재단 만으로 만들 수 있는 간단한 원피스는
볼륨을 한껏 살린 소매가 디자인 포인트입니다.
작품14는 가슴에 레이스를 장식해 여성스러움을
작품15는 접박기를 하여 귀여운 느낌을 더했어요.

만드는 법 ▶ P.64

옷감 | 기요하라
제작 | 시부사와 후사코

만드는 법 ▶ P.64

옷감 | 누노지노오미세 솔파노
제작 | 시부사와 후사코

15

프릴 스탠드칼라 원피스

목둘레에 끈을 끼워 주름을 잡은 프릴 스탠드칼라가 귀여워요. 큼직한 깅엄체크로 만든 작품16은 단순한 느낌으로 입어 보세요.
꽃무늬 옷감을 사용한 작품17은 끈으로 허리를 살짝 강조했어요.

뒤판의 리본 매듭과 프릴이 귀여워요.

16

만드는 법 ▶ P.67

옷감 | 코스모텍스타일(AY5505-13A)
제작 | 하기와라 도모코

만드는 법 P.67

옷감 | 요로파후쿠지노히데키
제작 | 하기와라 도모코

17

슬릿 원피스

옆선을 더 길게 하여 밑단선과 양옆의
삼각 슬릿이 절묘한 균형을 이루어요.
소매는 몸판과 하나로 이어져 있어서
따로 소매를 달 필요가 없어서 만들기 간단해요.

18

만드는 법 ▶ P.70

옷감 | 누노지노오미세 솔파노
제작 | 하기와라 도모코

스모크 스타일 원피스

자칫 투박해보이기 쉬운 스모크(smock) 스타일에
단추 트임을 만들어 세련되어 보이는 원피스입니다.
물방울 무늬 리플로 만든 작품19는
무릎까지 오는 길이라 경쾌한 느낌이 들어요.
줄무늬 리넨으로 만든 작품20은 정강이까지 오는 길이로 만들었어요.
허리띠는 취향에 맞게 골라 보세요.

19

만드는 법 ▶ P.73

옷감 | 유자와야
제작 | 가네마루 가호리

※스모크(smock) : 옷의 오염을 방지하기 위해 옷 위에 입는 작업복
또는 어린이 놀이옷, 입고 벗기 편한 헐렁한 원피스.

20

어깨의 단추 트임이 포인트입니다.
옷감 방향은 줄무늬를 살리세요.

만드는 법 ▶ P.73

옷감 | 기요하라
제작 | 가네마루 가호리

카슈쾨르 스타일 원피스

가슴을 감싸는 디자인인 카슈쾨르 스타일로 만든 원피스는
허리에서 고정되어 있어 옷매무새가 흐트러질 염려가 없어요.
단색 천이나 프린트가 들어간 천으로 만들면
다양한 느낌을 연출할 수 있어요.
작품21은 봄기운이 물씬나는 그린으로,
작품22는 요즘 유행하는 레트로 패턴으로 만들어
다른 분위기를 내보았어요.

만드는 법 ▶ P.76

옷감 | 코카
제작 | 시부사와 후사코

22

만드는 법 ▶ P.76

옷감 | 요로파후쿠지노히데키
제작 | 시부사와 후사코

등 리본 원피스

등에 단 리본 세 개가 눈에 띄는 원피스입니다.
다양한 옷과 레이어드 해서 즐길 수 있도록
조금 틈이 벌어지게 만들었어요.
브이넥과 접박기 스커트의 조합이라 아주 깔끔하지요.

23

만드는 법 ▶ P.79

옷감 | 기요하라
제작 | 가네마루 가호리

2way 코트 원피스

새하얀 리넨이 깨끗한 느낌을 주는 원피스는
단추 트임이라서 가볍게 걸치는 코트로도 입을 수 있어요.
앞뒤를 바꾸어 뒷단추로 입어도 멋져요.

24

만드는 법 ▶ P.82

옷감 | 기요하라
제작 | 고바야시 가오리

실물 크기 옷본 사용하는 법

1. **실물 크기 옷본을 준비한다.**
   - ◆ 책의 맨 뒤에 붙어 있는 실물 크기 옷본을 떼어 냅니다.
   - ◆ 만들고 싶은 작품 옷본이 어떤 선으로 표시되어 있고 몇 장으로 나뉘어 있는지 확인합니다.

2. **다른 종이에 옮겨 그린다.**
   - ◆ 옷본을 다른 종이에 옮겨 그려서 사용합니다. 옮겨 그리는 방법에는 아래의 두 가지 방법이 있습니다.

   ### 비치지 않는 종이에 옮겨 그릴 때
   옮겨 그릴 종이 위에 옷본을 놓습니다. 초크 페이퍼를 그 사이에 끼우고 룰렛으로 옷본의 선을 따라서 그립니다.

   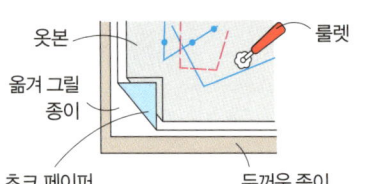

   - 옷본
   - 옮겨 그릴 종이
   - 룰렛
   - 초크 페이퍼 (색이 묻어 있는 면을 옮겨 그릴 종이에 닿게 놓는다)
   - 두꺼운 종이 (탁자에 흠집이 나지 않도록 가장 밑에 깐다)

   ### 비치는 종이에 옮겨 그릴 때
   옷본 위에 옮겨 그릴 비치는 종이(재단종이 등)를 놓고 연필로 따라 그립니다.

   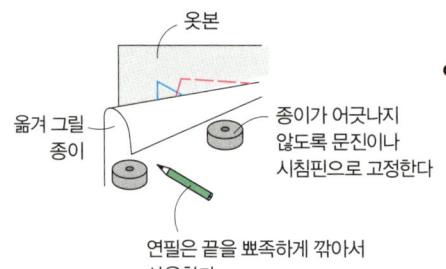

   - 옷본
   - 옮겨 그릴 종이
   - 종이가 어긋나지 않도록 문진이나 시침핀으로 고정한다
   - 연필은 끝을 뾰족하게 깎아서 사용한다

   ### 옷본을 옮겨 그릴 때 주의할 점
   - ● '맞춤 표시', '주머니 다는 위치', '트임 끝', '식서 방향(천의 세로 방향)' 등도 잊지 말고 옮겨 그리고, 해당 부분의 '이름'도 적습니다.
   - ● 리본, 끈 등 직선 부분은 옷본이 들어 있지 않은 것이 있으니 만드는 법 페이지를 보고 확인하세요.

3. **시접을 두고 옷본을 자른다.**
   - ◆ 옷본에는 시접이 달려 있지 않으므로 만드는 법 페이지의 지시에 따라서 시접을 둡니다.

   ### 시접을 둘 때 주의할 점
   - ● 박아서 잇는 부분의 시접은 같은 폭으로 둡니다.
   - ● 완성선에 평행이 되도록 시접을 둡니다.
   - ● 옷본을 자를 때는 옮겨 그릴 종이에 여백을 조금 남기고 시접을 접은 상태에서 자릅니다. (예 참조)
   - ● 옷감 소재와 성질(두께, 늘어나는 정도), 봉제 방법 등에 따라 시접 폭은 달라집니다.

   ### 시접을 둔다
   예 완성선에 평행하게 시접을 둔다.

   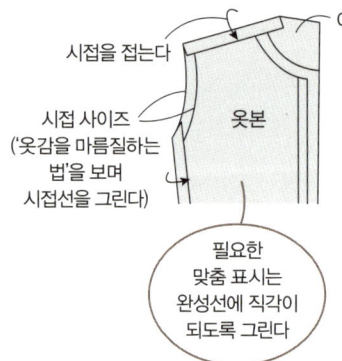

   - 시접을 접는다
   - 여백
   - 시접 사이즈 ('옷감을 마름질하는 법'을 보며 시접선을 그린다)
   - 옷본
   - 필요한 맞춤 표시는 완성선에 직각이 되도록 그린다

   ### 자른다
   - 이렇게 튀어나온 부분이 중요
   - 접은 시접을 잘라서 펴면 각도가 생긴다
   - 옷본
   - 소맷부리 등에도 같은 방법으로 시접을 둔다

   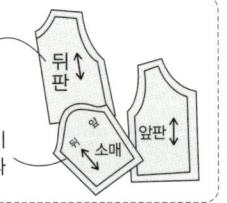

   - 옷본을 잘라 내면 부분명이나 식서 표시 등을 빠뜨리고 안 적은 곳이 없는지 확인한다
   - 소매처럼 앞쪽과 뒤쪽이 있을 때는 옷본에 표시를 해 둔다
   - 뒤판
   - 소매
   - 앞판

4. **옷본을 옷감 위에 배치하고 옷감을 마름질한다.**
   - ● 필요한 옷본을 옷감 위에 놓아 봅니다. 이때 옷감의 접는 법, 옷본의 식서 방향(천의 세로 방향) 등에 주의하면서 배치하고, 옷감이 움직이지 않도록 시침핀으로 고정하고 마름질합니다.

   - 큰 탁자가 없으면 옷감을 펼칠 수 있는 공간에서 마름질한다.
   - 옷감을 마름질하기 전에 옷본을 일단 모두 놓아 보고 모든 부분이 들어갔는지 확인한다.
   - 식서 방향 (옷감의 세로 방향)
   - 마름질할 때 옷감을 움직이면 선이 어긋나므로 몸을 움직여가며 마름질한다.
   - 식서 방향과 옷본에 적힌 식서 방향선(↔)을 맞춰서 옷본을 놓는다.
   - 직선 부분은 실물 크기 옷본이 들어 있지 않으므로 직접 옷감에 선을 그려서 마름질한다.

작품을 만들기 전에

참고 사이즈 표 (단위 cm)

	S~M	L~LL
가슴둘레	79~83	87~91
허리둘레	60~64	68~72
엉덩이둘레	86~90	94~98
등길이	38	39
소매길이	52	53
키	158	162

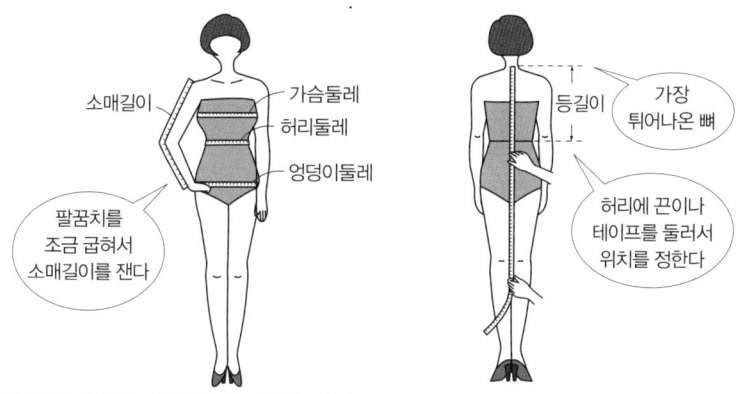

제도 기호

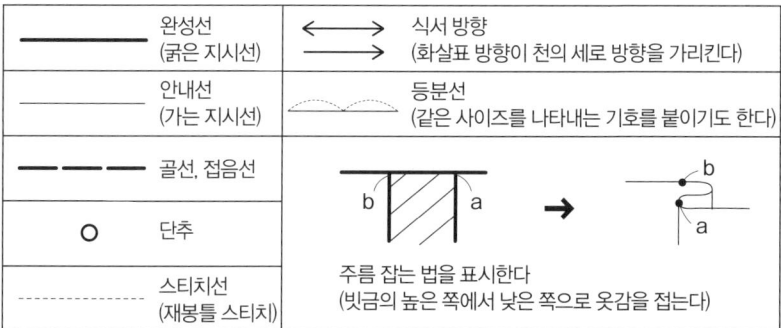

작품의 완성 사이즈

책에 실린 작품의 완성 사이즈는 아래에 따라서 표기했습니다.

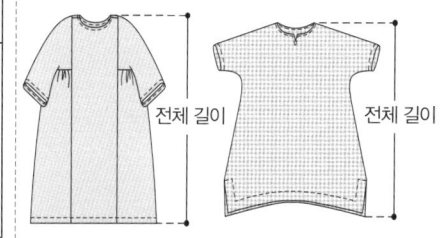

옷감을 마름질하는 법

만드는 법 페이지의 '옷감을 마름질하는 법'에 적힌 사이즈대로 시접을 둔 옷본을 만들어서 옷감에 놓고 마름질합니다.

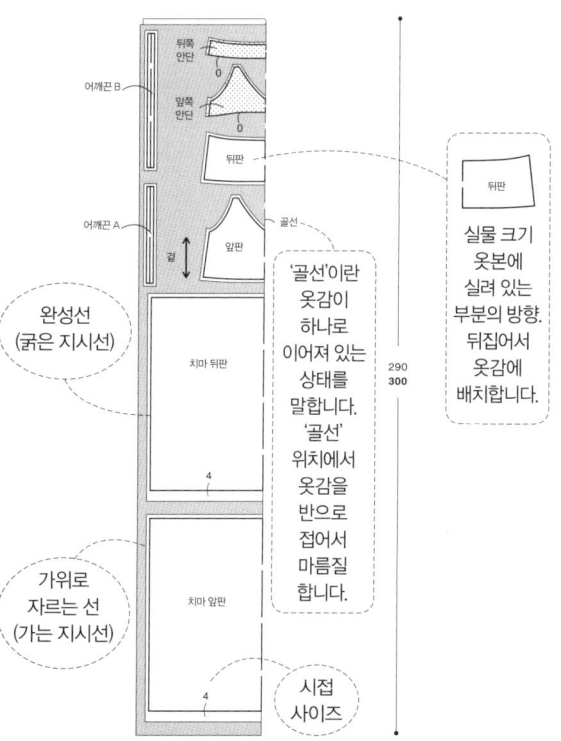

옷감 다루는 법

면(코튼)이나 마(리넨) 같은 천연섬유는 수분을 함유하면 줄어드는 성질이 있으므로, 마름질하기 전에 살짝 물세탁을 하여 수축시켜 둡니다. 반쯤 말았을 때 일반 다리미로 옷감의 세로와 가로 방향의 올을 바로잡으면서 주름이 살짝 펴질 정도로 다립니다.

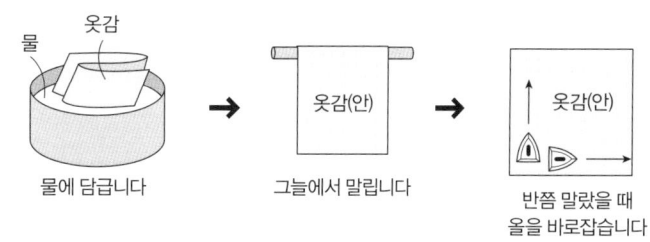

접착심지 붙이는 법

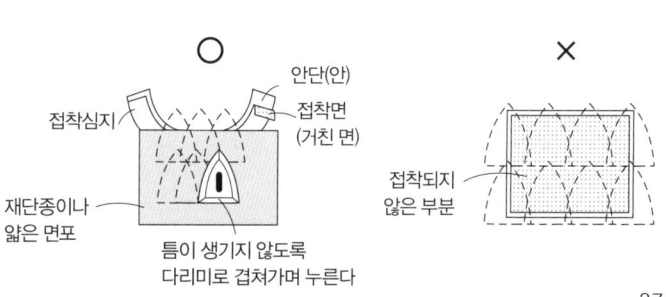

page 6_1 page 7_2

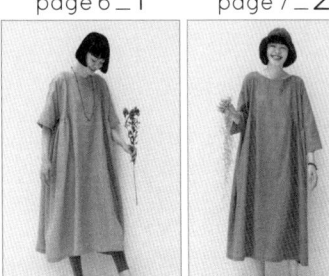

사이드 개더 원피스

재료	사이즈	S~M	L~LL
1 옷감(스탠다드 리넨)	140cm 폭	2m 90cm	3m
2 옷감(면마 워셔)	110mm 폭	4m 40cm	4m 50cm
접착심지(니혼바이린 FV-2N)	112cm 폭	20cm	20cm
완성 사이즈	전체 길이	113.5cm	116.8cm

실물 크기 옷본 A면 24를 사용합니다.

● 사용하는 부분: 앞 · 뒤판, 소매, 뒤쪽 안단

※ 1 은 소매길이를 짧게 합니다.
※ 앞 · 뒤판은 앞뒤판 중심선을 골선으로 마름질합니다.
※ 뒤쪽 안단 옷본을 사용하여 앞쪽 안단도 마름질합니다.
※ 치마 앞뒤판은 직선 부분이므로 옷감에 직접 그려서 마름질합니다.

1 · 2 옷본 수정하는 법 · 제도

= 24 실물 크기 옷본

2단으로 적힌 숫자는 S~M, L~LL 사이즈이고 하나만 있는 숫자는 공통

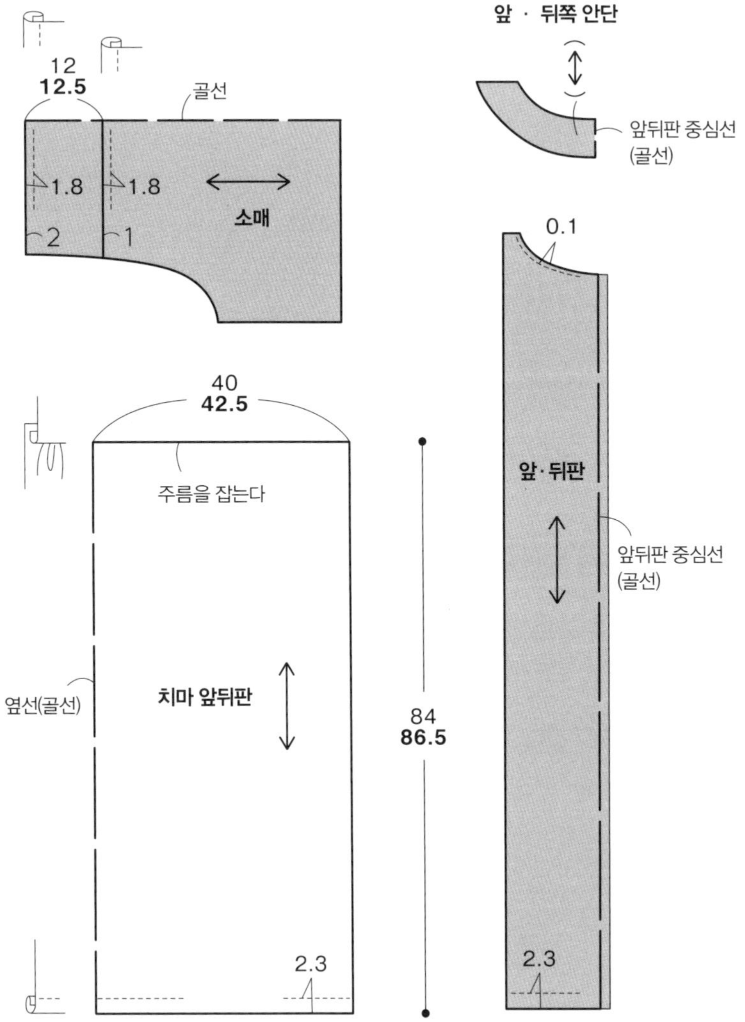

1 옷감을 마름질하는 법

= 접착심지 붙이는 부분

정해진 곳 이외의 시접은 모두 1cm

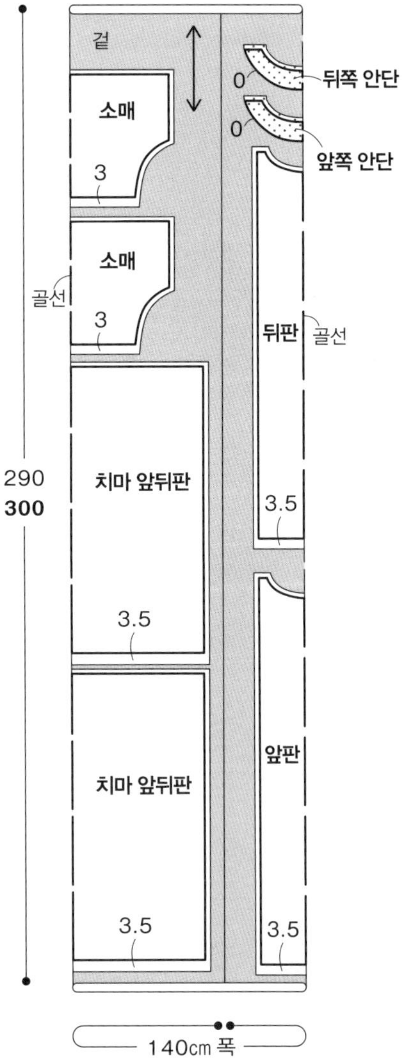

2 옷감을 마름질하는 법

▦ = 접착심지 붙이는 부분

정해진 곳 이외의 시접은 모두 1cm

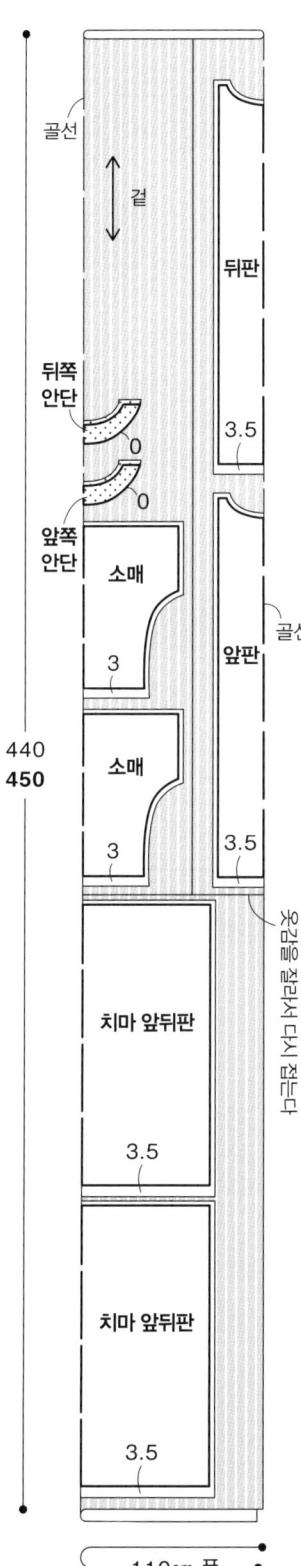

만드는 법

준비 작업: ① 접착심지를 붙인다.
② 마름질하여 가장자리를 지그재그로 박는다.(어깨선, 안단)

1 소매 옆선을 박는다.

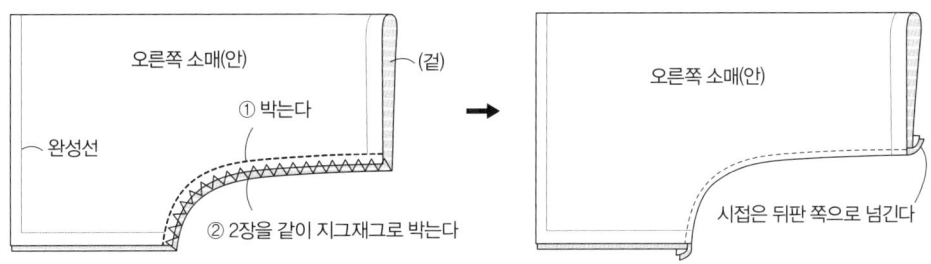

2 소맷부리를 박는다.

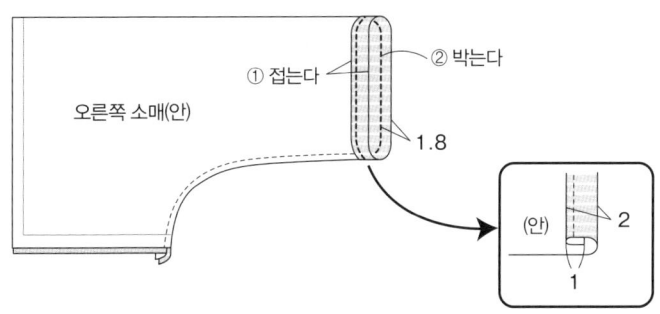

3 치마에 주름을 잡는다.

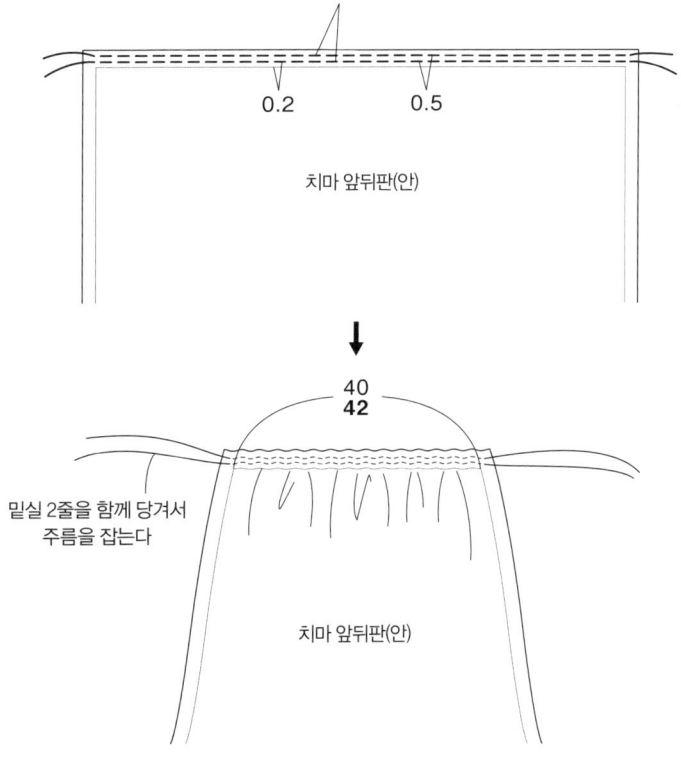

4 소매와 치마를 잇는다.

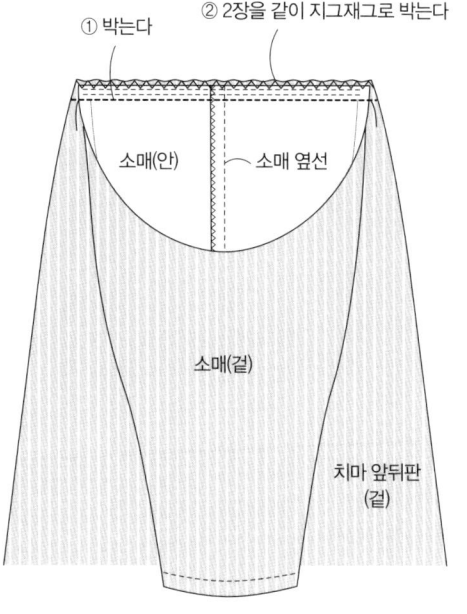

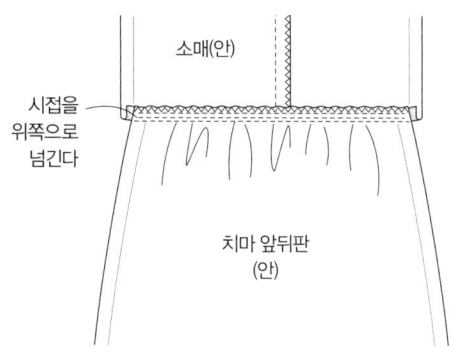

5 어깨선을 박는다.

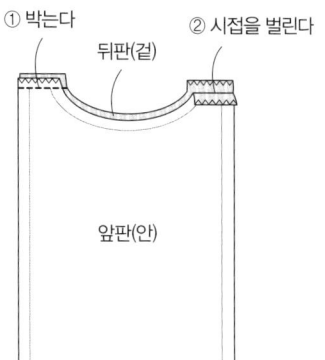

6 앞·뒤판과 소매·치마를 잇는다.

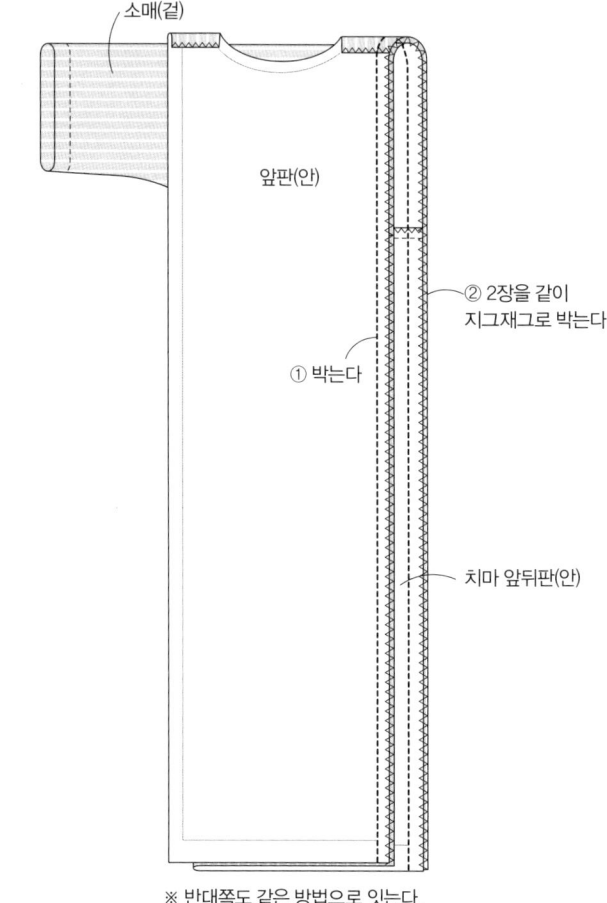

※ 반대쪽도 같은 방법으로 잇는다.

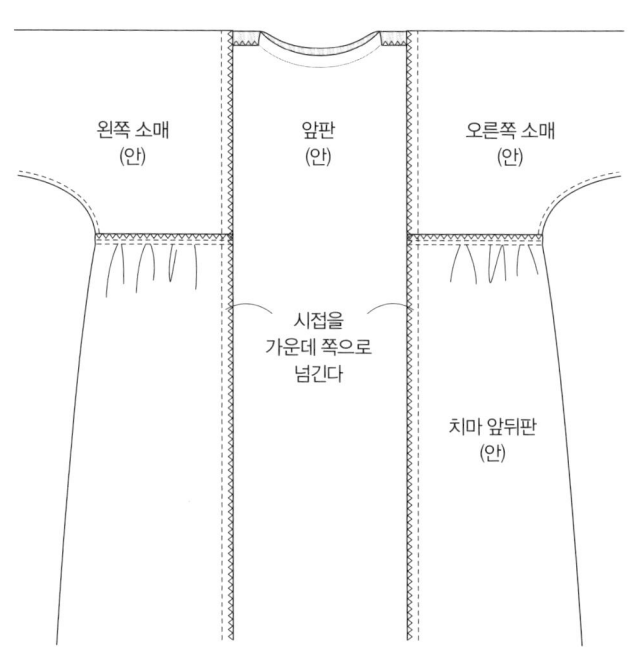

7 안단 어깨선을 박는다.

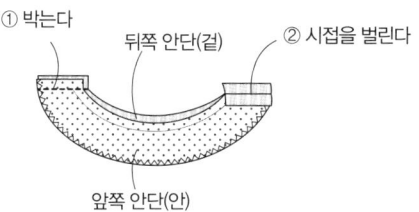

9 치맛단을 박는다.

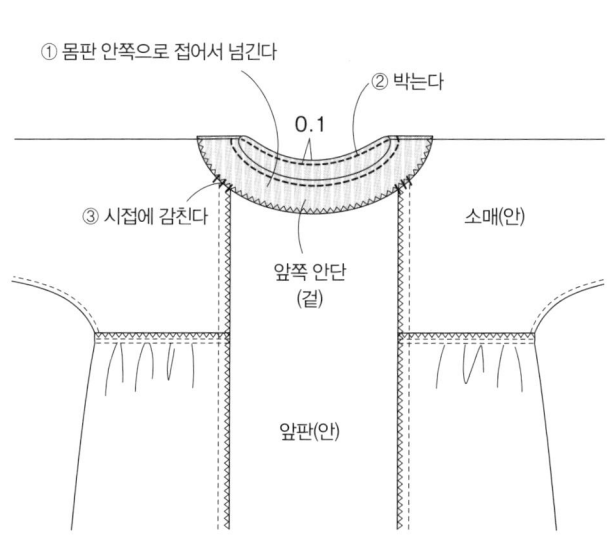

8 안단을 단다.

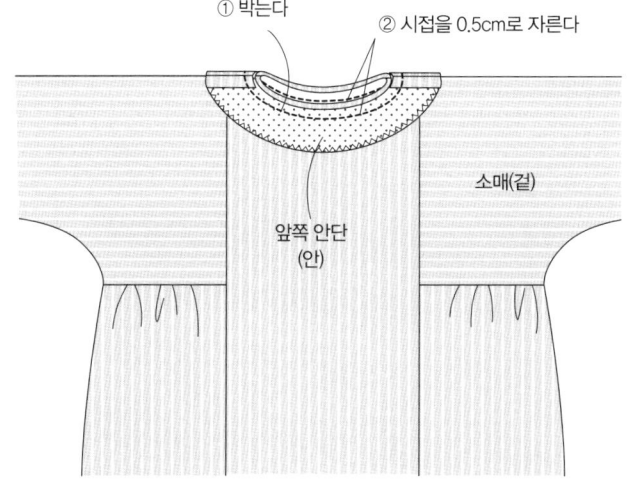

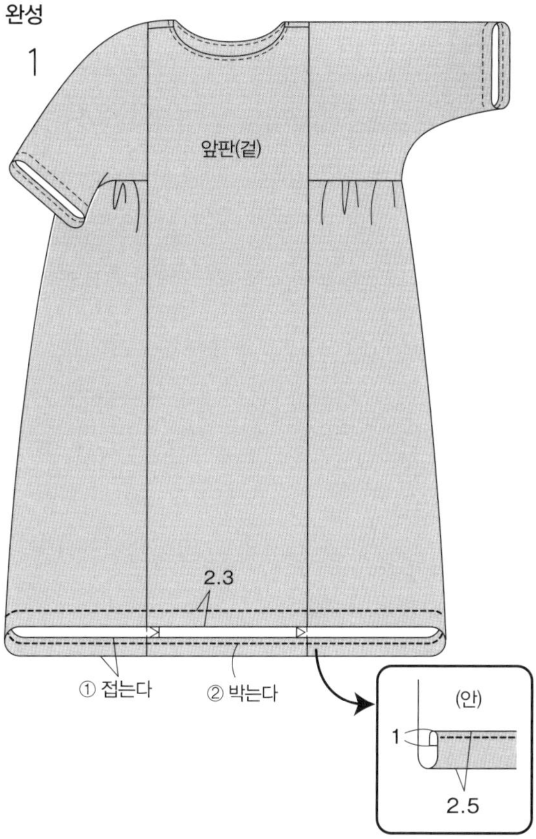

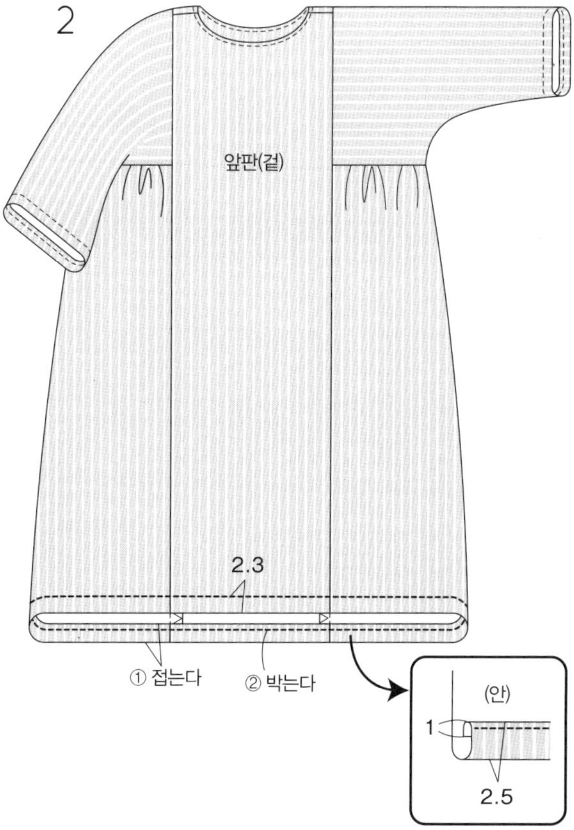

이중 스커트 원피스

재료	사이즈	S~M	L~LL
3 옷감(면 80 론) 106cm 폭		3m	3m 10cm
3 배색감(면 론 별무늬 라메 자수) 110cm 폭		1m 50cm	1m 60cm
4 옷감(컴피 리넨) 110cm 폭		3m	3m 10cm
4 배색감(폴리에스테르 시어서커 깅엄) 147cm 폭		1m 50cm	1m 60cm
단추	지름 1cm	1개	1개
완성 사이즈	전체 길이	118.5cm	122.3cm

실물 크기 옷본 B면 13을 사용합니다.

● 사용하는 부분 : 앞판, 뒤판, 뒤쪽 안단

※ 덧치마, 치마, 바이어스감, 천루프는 직선 부분이므로 옷감에 직접 그려서 마름질합니다.

3 · 4 옷본 · 제도

▨ = 13 실물 크기 옷본

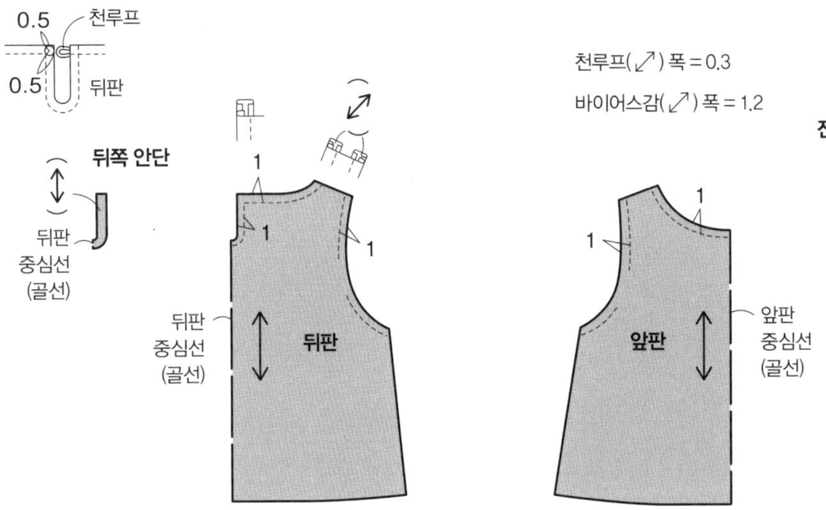

천루프(↗) 폭 = 0.3
바이어스감(↗) 폭 = 1.2

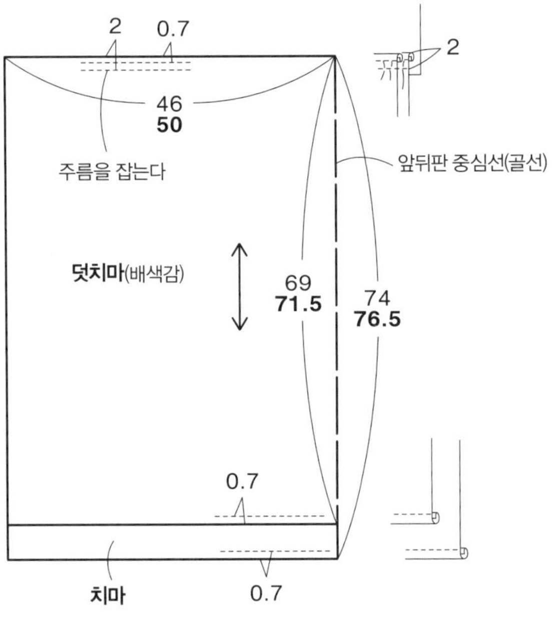

옷감을 마름질하는 법

정해진 곳 이외의 시접은 모두 1cm

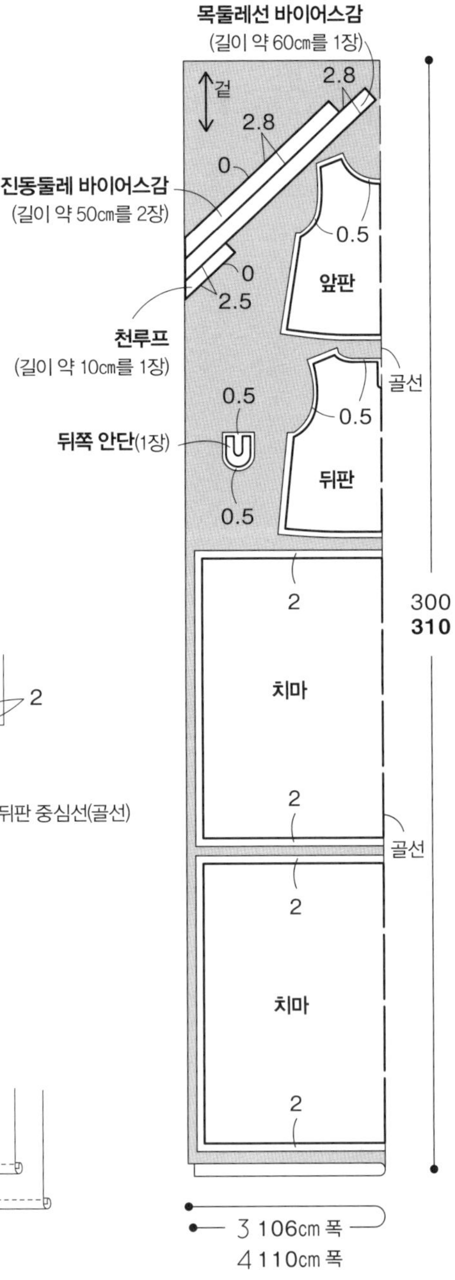

2단으로 적힌 숫자는 S~M, L~LL 사이즈이고 하나만 있는 숫자는 공통

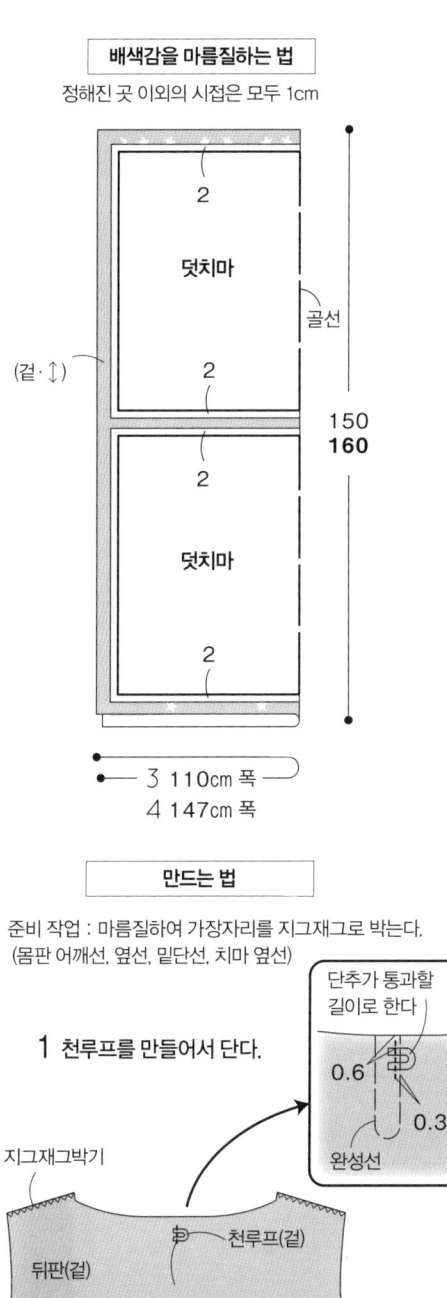
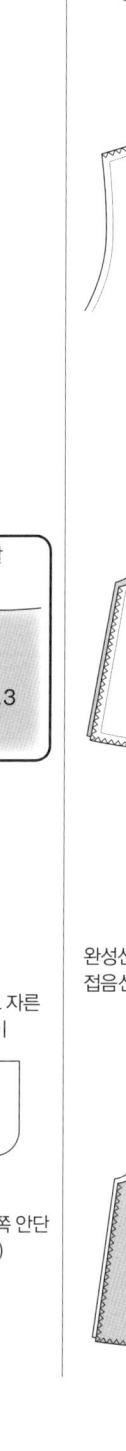
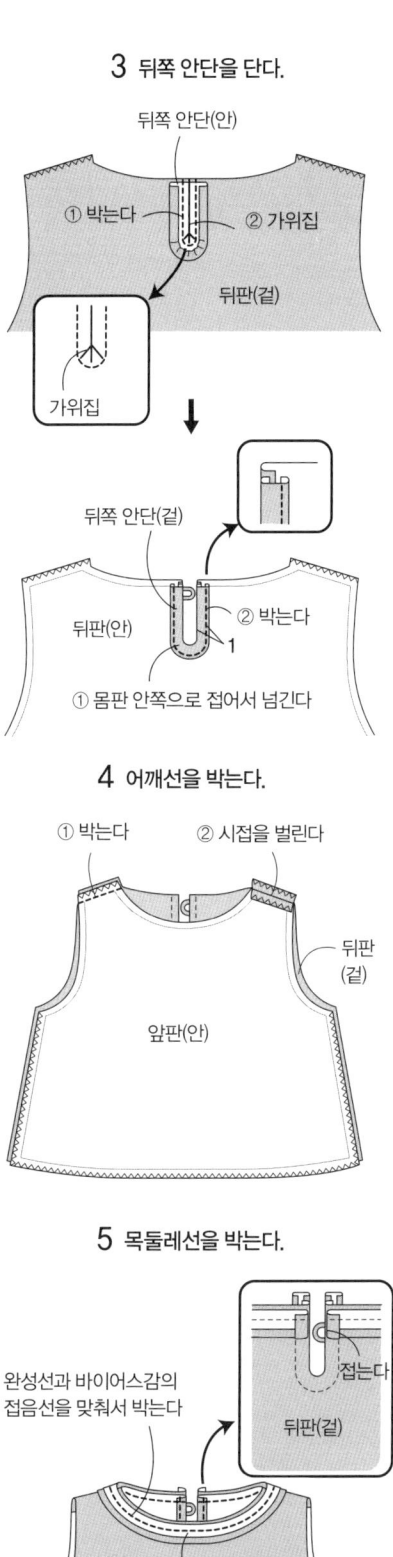
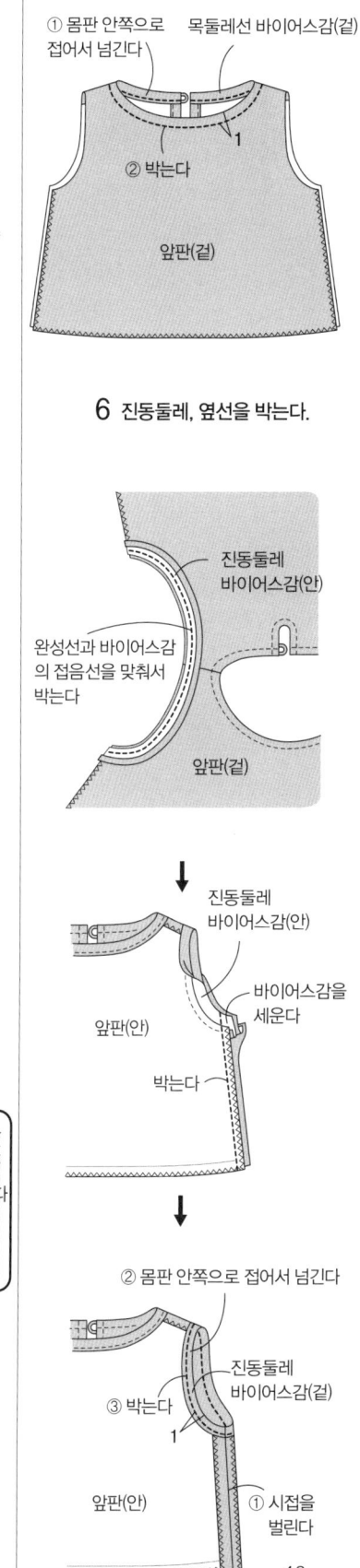

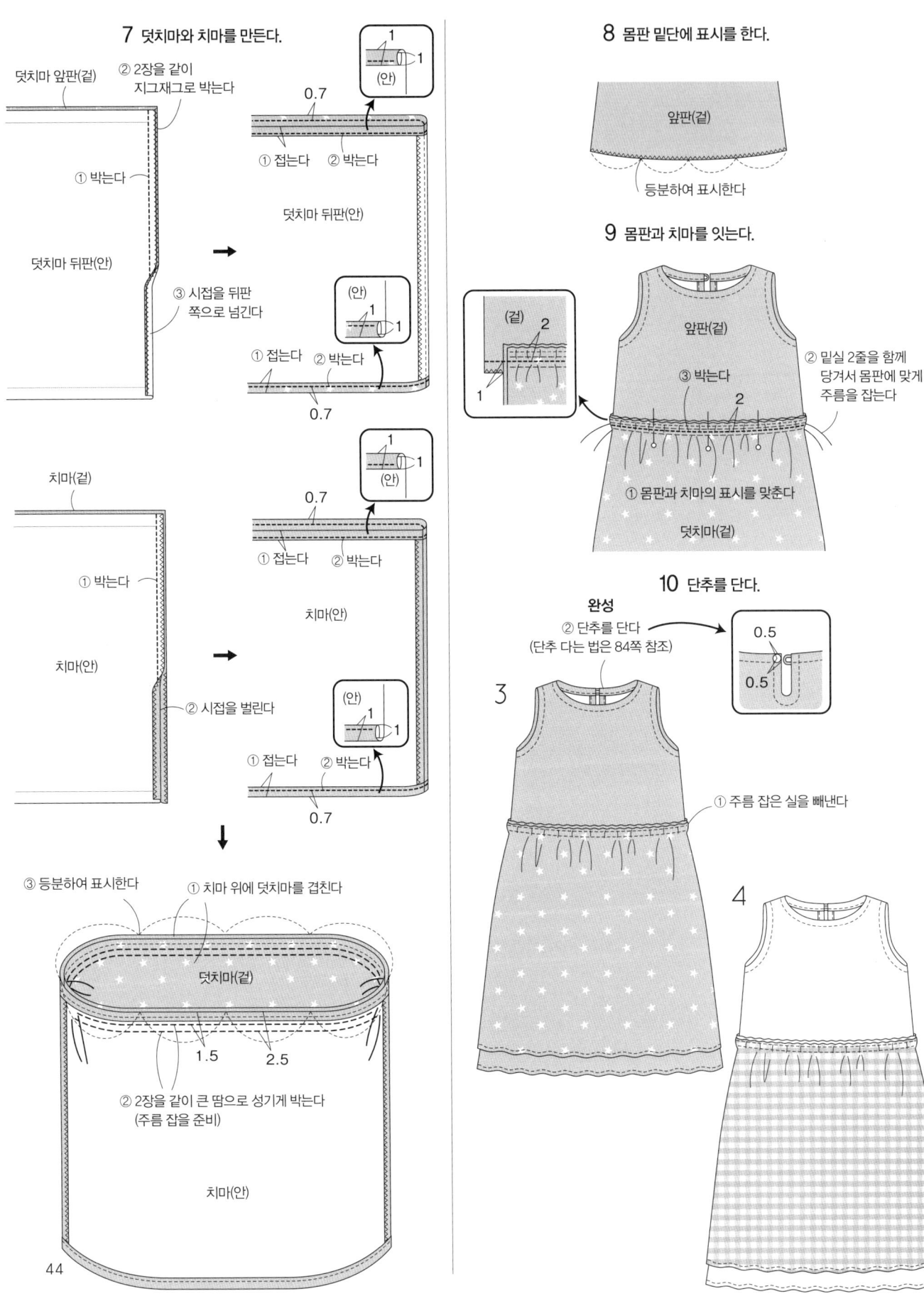

page 12 _ 7 3way 원피스 앞치마

재료	사이즈	S~M	L~LL
옷감(컴피 리넨) 110cm 폭		3m 70cm	3m 80cm
완성 사이즈	전체 길이	110.5cm	113.8cm

실물 크기 옷본 B면 7을 사용합니다.

- 사용하는 부분 : 앞판, 뒤판, 치마 앞판, 치마 뒤판
※ 끈, 바이어스감은 직선 부분이므로 옷감에 직접 그려서 마름질합니다.

7 옷본 · 제도

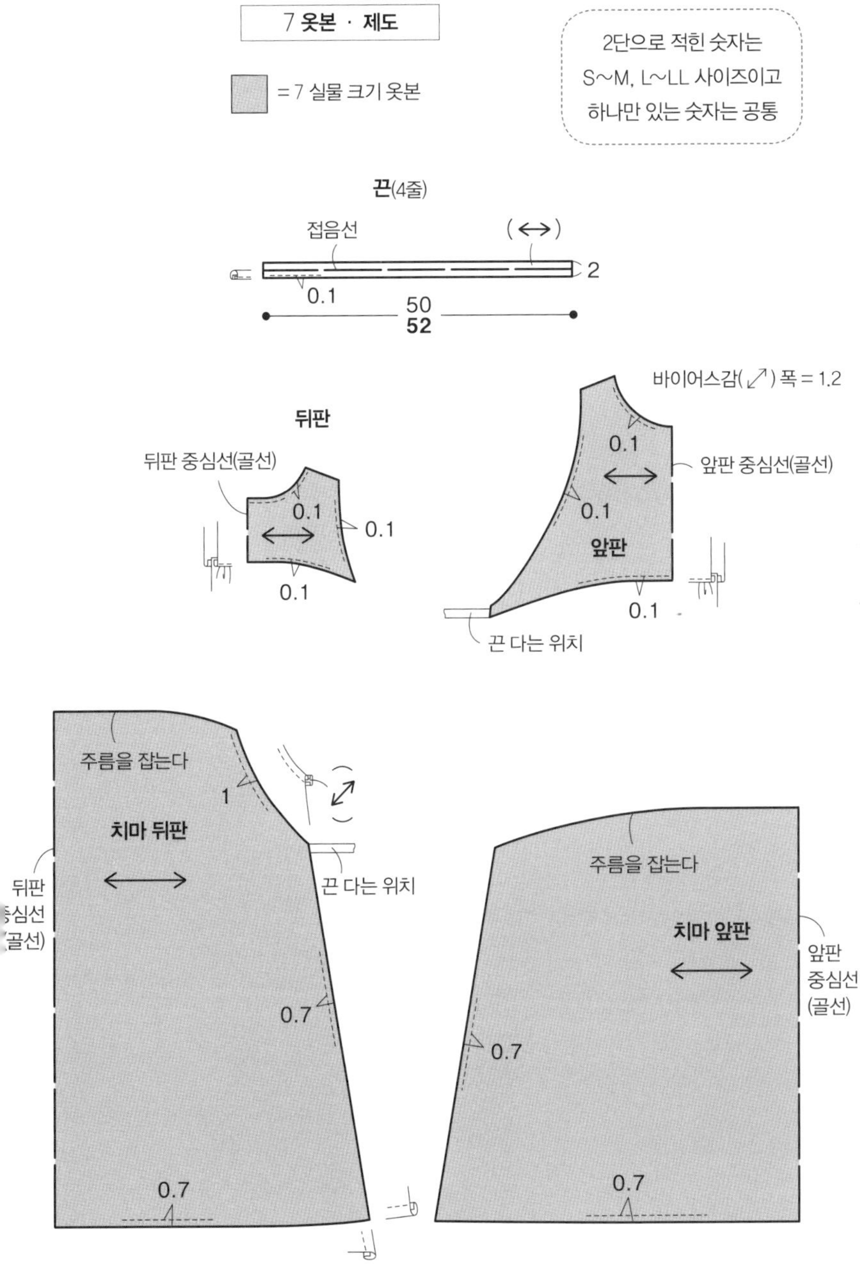

= 7 실물 크기 옷본

2단으로 적힌 숫자는 S~M, L~LL 사이즈이고 하나만 있는 숫자는 공통

끈(4줄)
접음선 (↔)
0.1 50 / 52 2

뒤판
뒤판 중심선(골선)
0.1 0.1 0.1

바이어스감(↗) 폭 = 1.2
앞판 중심선(골선)
0.1 0.1 0.1
앞판
끈 다는 위치

주름을 잡는다
치마 뒤판
뒤판 중심선(골선)
1
끈 다는 위치
0.7
0.7

주름을 잡는다
치마 앞판
앞판 중심선(골선)
0.7
0.7

옷감을 마름질하는 법
정해진 곳 이외의 시접은 모두 1cm

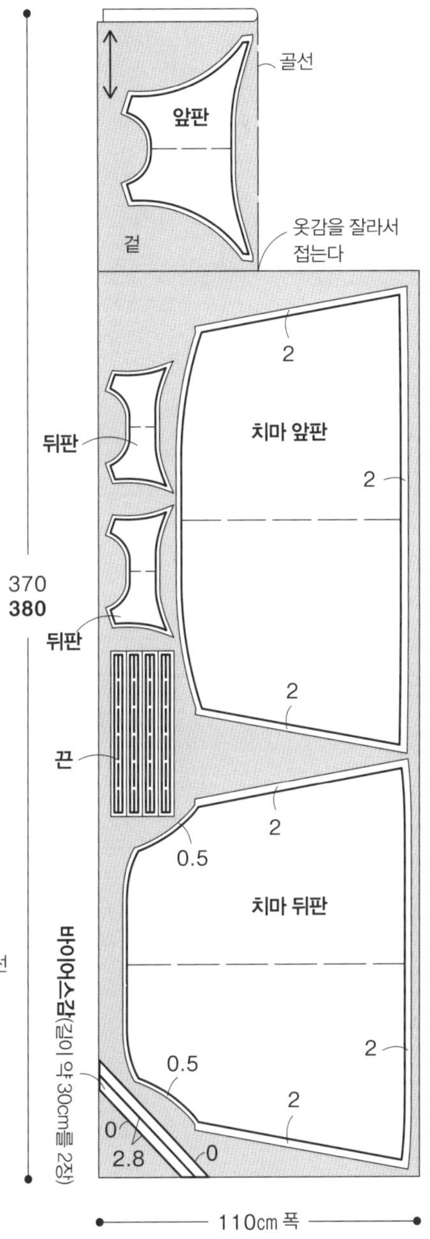

앞판 골선 겉 옷감을 잘라서 접는다
뒤판 2 치마 앞판 2
뒤판 2
끈 2 0.5
치마 뒤판 2 0.5
바이어스감(길이 약 30cm를 2장) 2 0 2.8 0
370 / 380
110cm 폭

만드는 법

1 어깨선을 박는다.

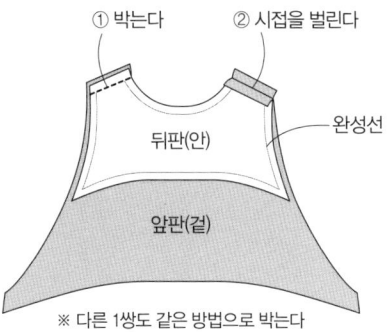

※ 다른 1쌍도 같은 방법으로 박는다

2 목둘레선을 박는다.

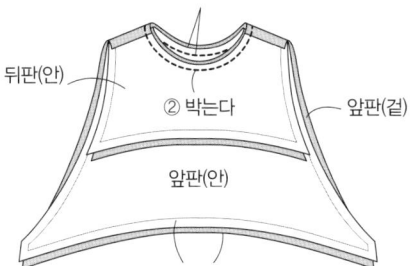

3 끈을 만든다.

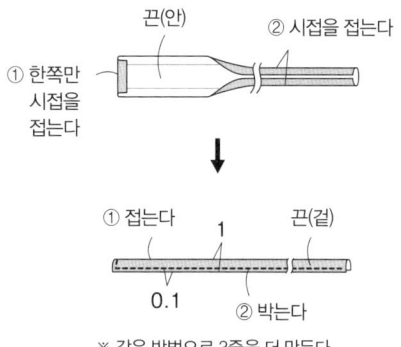

※ 같은 방법으로 3줄을 더 만든다

4 앞판에 끈을 단다.

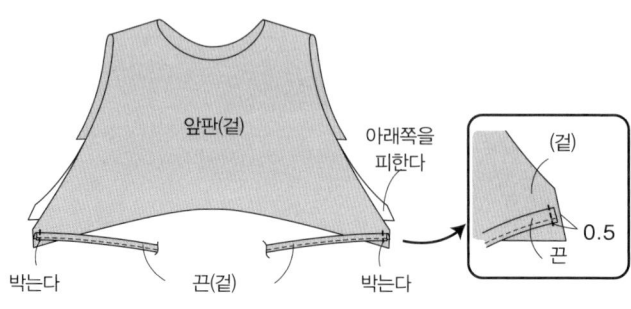

5 안 몸판의 절개선 시접에 접음선을 낸다.

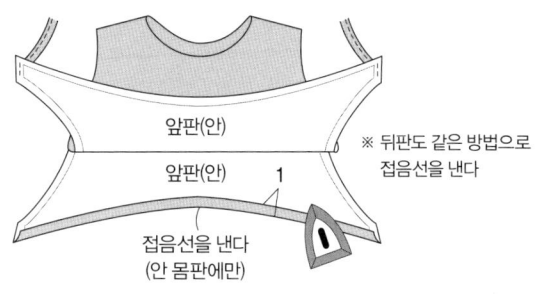

※ 뒤판도 같은 방법으로 접음선을 낸다

6 진동둘레를 박는다.

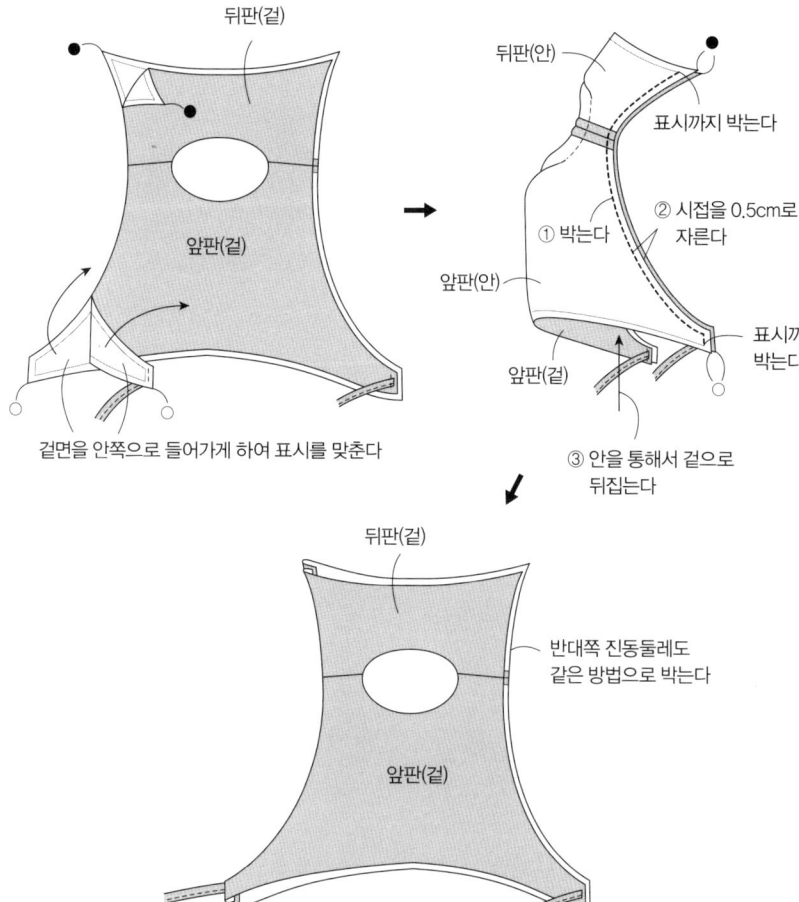

반대쪽 진동둘레도 같은 방법으로 박는다

7 치마 뒤판의 진동둘레를 박는다.

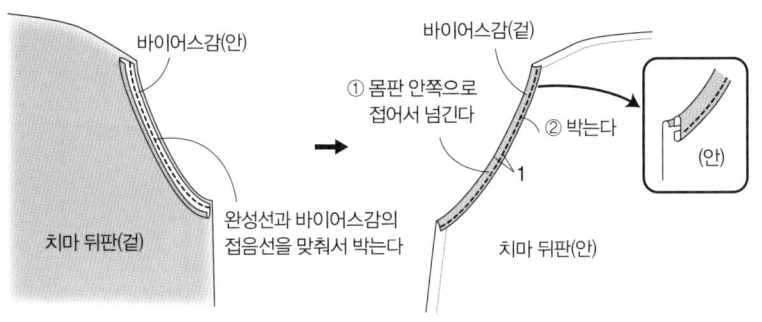

※ 바이어스감 만드는 법은 49쪽 참조

8 치마 옆선, 치맛단을 박는다.

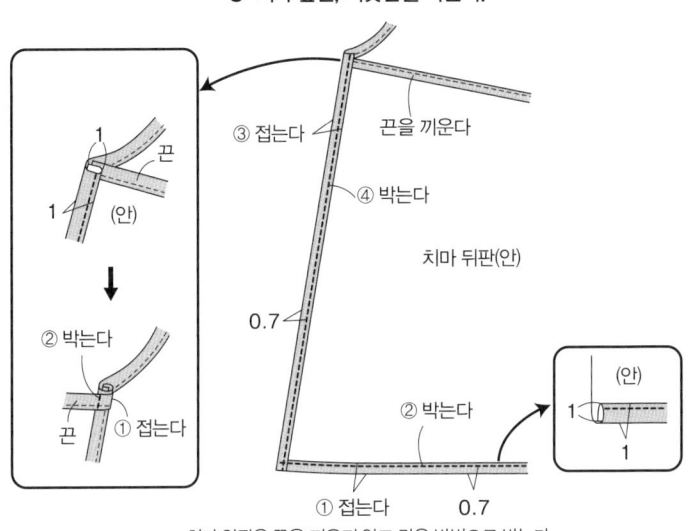

※ 치마 앞판은 끈을 끼우지 않고 같은 방법으로 박는다

9 몸판과 치마를 잇는다.

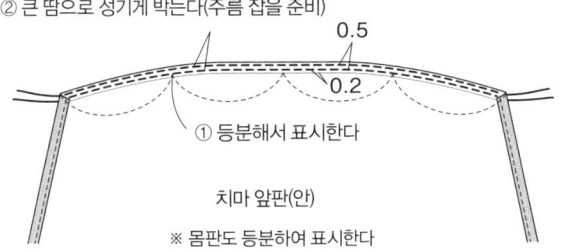

※ 몸판도 등분하여 표시한다

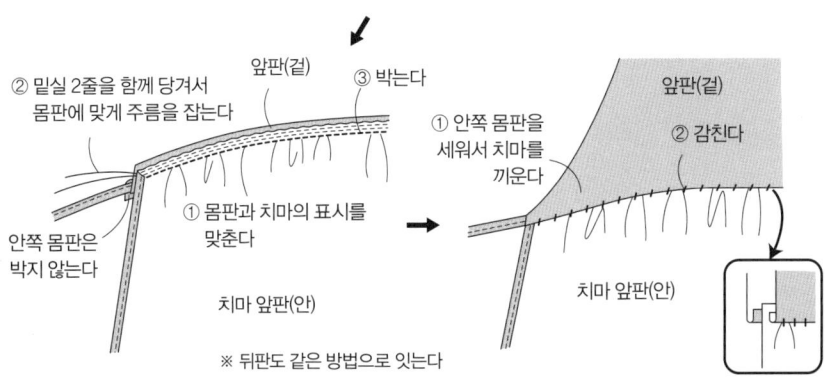

※ 뒤판도 같은 방법으로 잇는다

10 몸판 둘레를 박는다.

완성

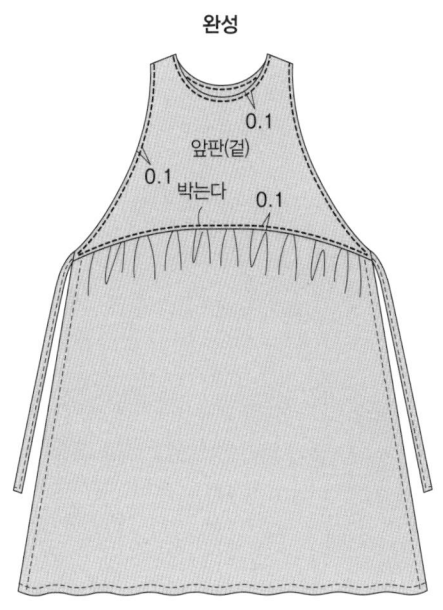

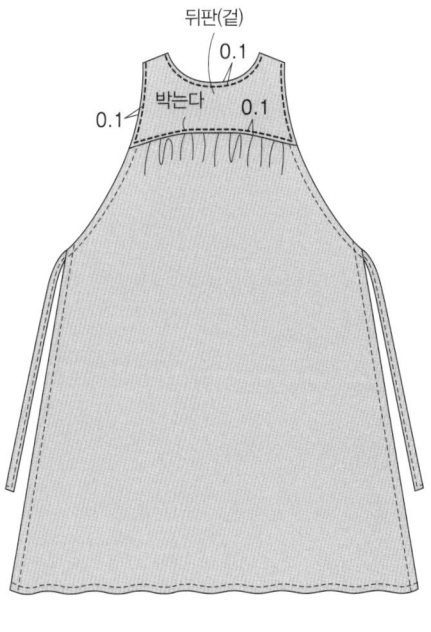

page 10 _ 5

page 11 _ 6

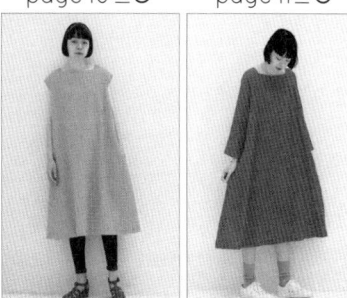

오버핏 A라인 원피스

재료 / 사이즈		S~M	L~LL
5 옷감(리플 바둑판무늬)	108cm 폭	2m 80cm	2m 90cm
6 옷감(리넨)	112cm 폭	3m 10cm	3m 30cm
접착심지(니혼바이린 FV-2N)	112cm 폭	20cm	20cm
접착테이프	1.5cm 폭	80cm	80cm
완성 사이즈	전체 길이	108.5cm	111.7cm

실물 크기 옷본 A면 6을 사용합니다.

- 5 사용하는 부분: 앞판, 뒤판, 앞쪽 안단, 뒤쪽 안단, 어깨 옆폭, 주머닛감
  6 사용하는 부분: 앞판, 뒤판, 앞쪽 안단, 뒤쪽 안단, 어깨 옆폭, 주머닛감, 소매

※ 5의 바이어스감은 직선 부분이므로 옷감에 직접 그려서 마름질합니다.

5 · 6 옷본

= 접착심지 붙이는 부분
= 접착테이프 붙이는 부분
= 6 실물 크기 옷본

2단으로 적힌 숫자는 S~M, L~LL 사이즈이고 하나만 있는 숫자는 공통

5 바이어스감(↗) 폭 = 1.2

5 옷감을 마름질하는 법

정해진 곳 이외의 시접은 모두 1cm

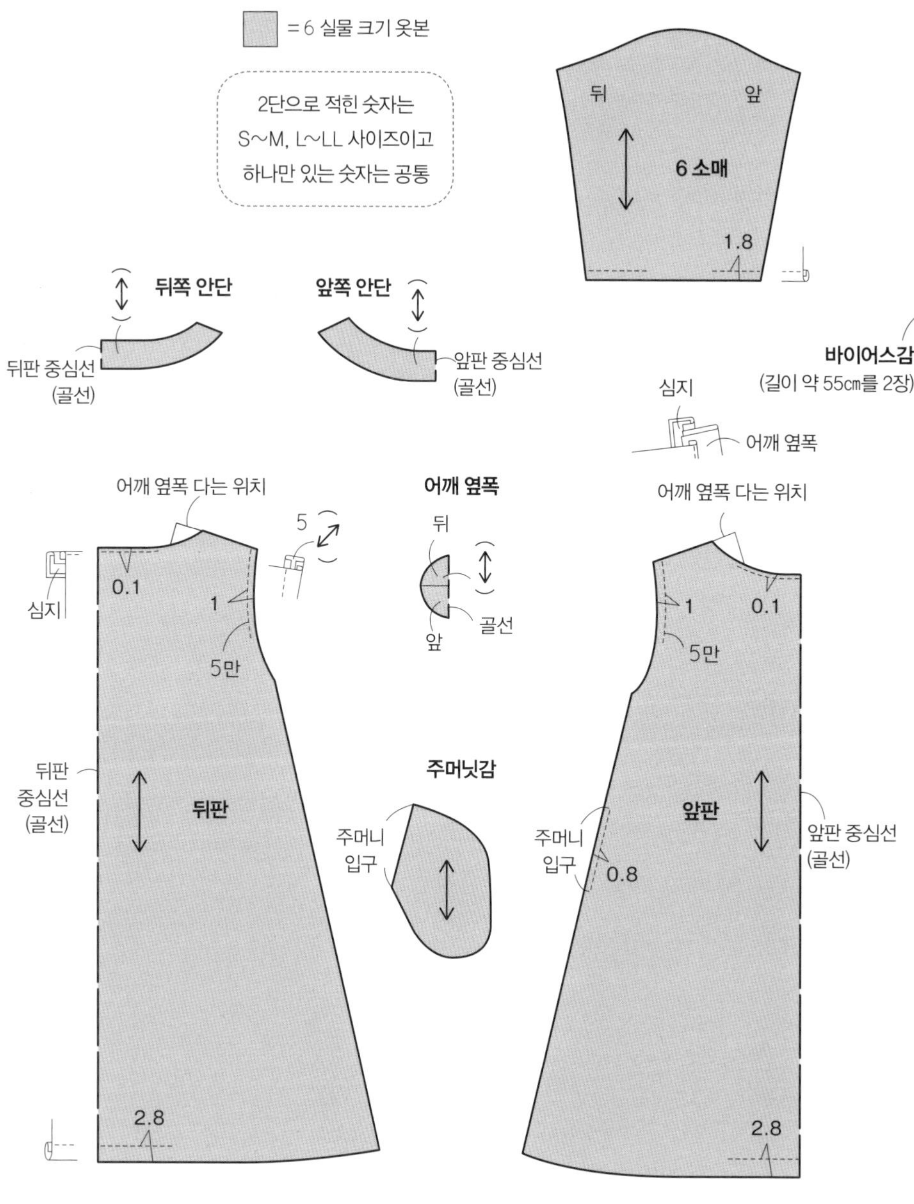

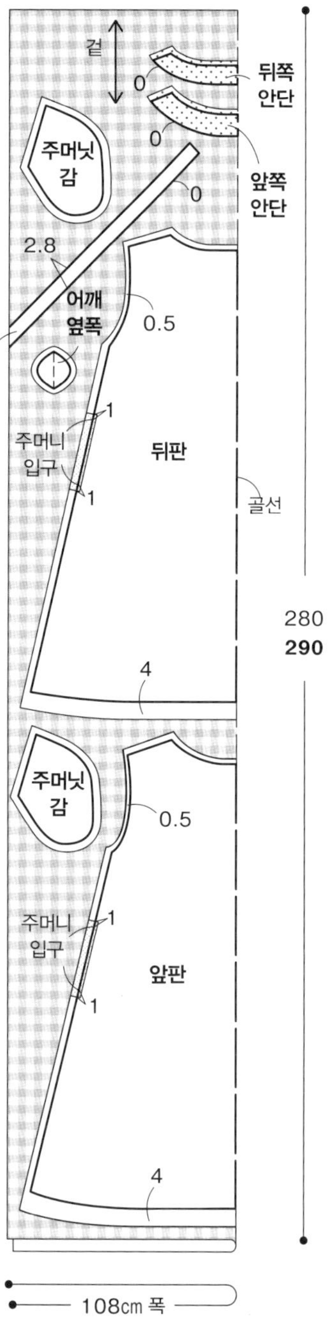

6 옷감을 마름질하는 법

▨ = 접착심지 붙이는 부분

▨ = 접착테이프 붙이는 부분

정해진 곳 이외의 시접은 모두 1cm

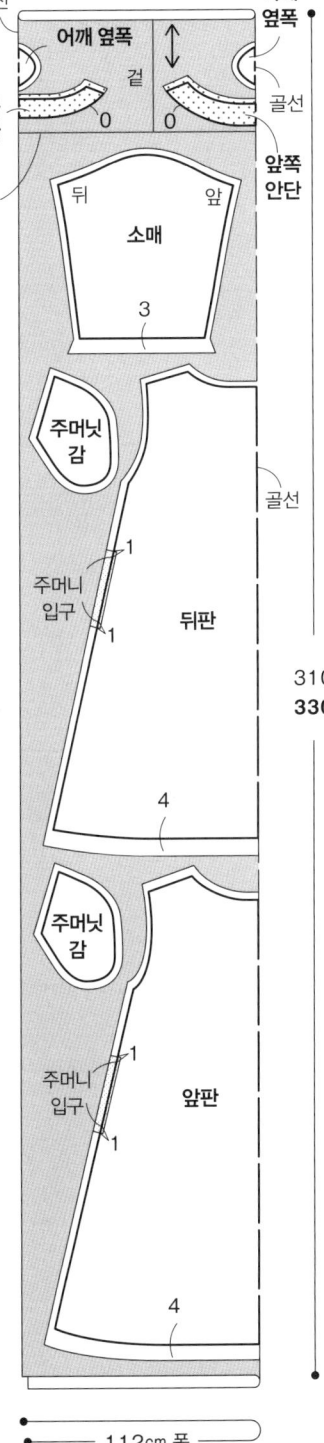

5 만드는 법

준비 작업: ① 접착심지, 접착테이프를 붙인다.
② 마름질하여 가장자리를 지그재그로 박는다.
(어깨선, 옆선, 앞쪽 안단, 뒤쪽 안단, 주머닛감)

1 어깨선을 박는다.

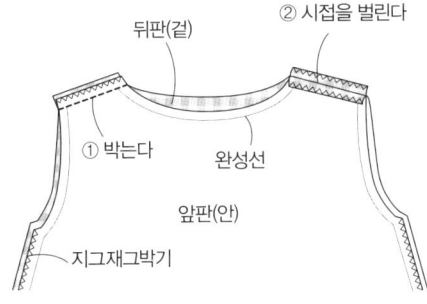

2 어깨 옆폭을 단다.

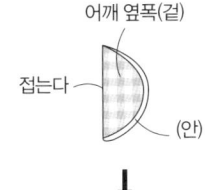

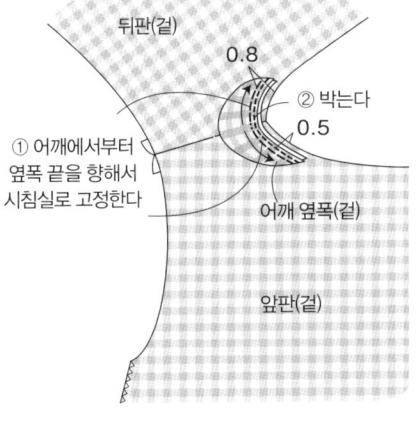

3 안단 어깨선을 박는다.

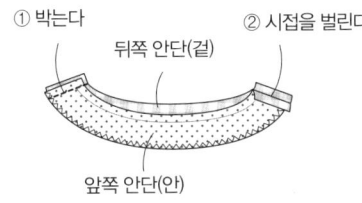

4 안단을 단다.

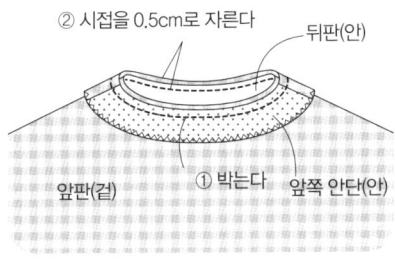

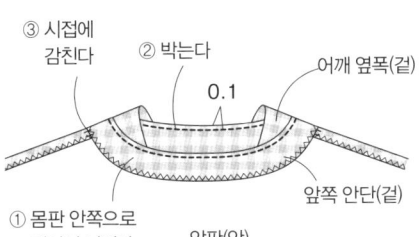

5 바이어스감을 만든다.

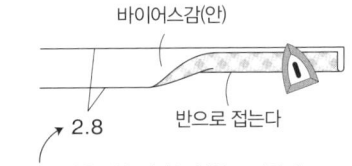

다려서 접었을 때 늘어나는 분을 고려하여, 폭을 조금 넓게 해 둡니다.

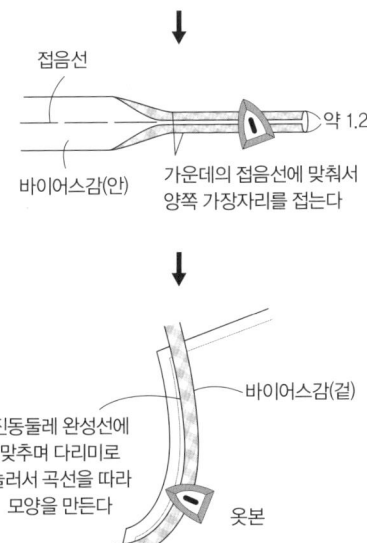

6 진동둘레에 바이어스감을 단다.

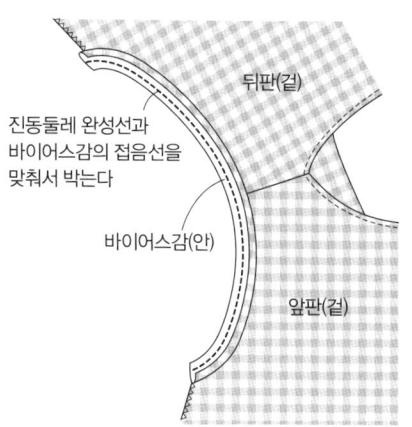

7 주머닛감을 단다.

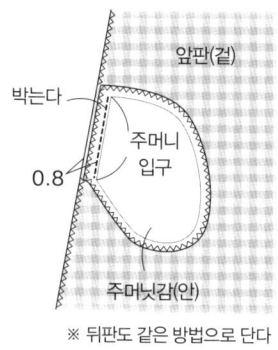

8 옆선을 박는다.

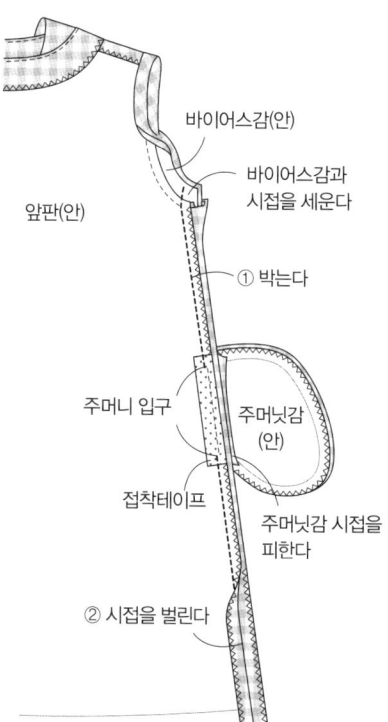

9 진동둘레를 박는다.

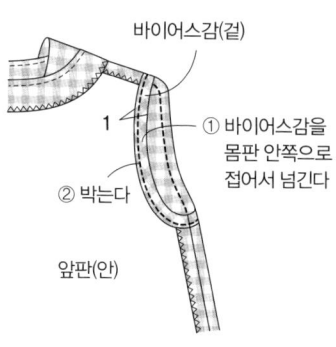

10 주머닛감을 잇는다.

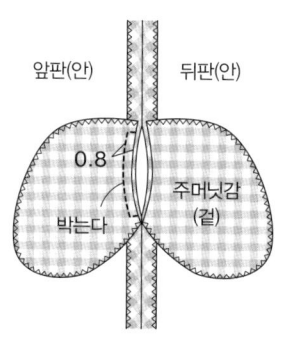

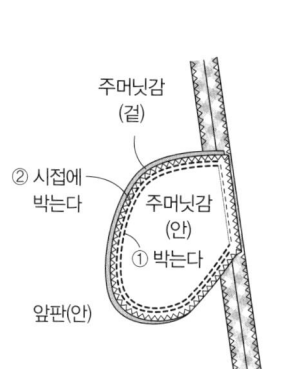

11 밑단을 박는다.

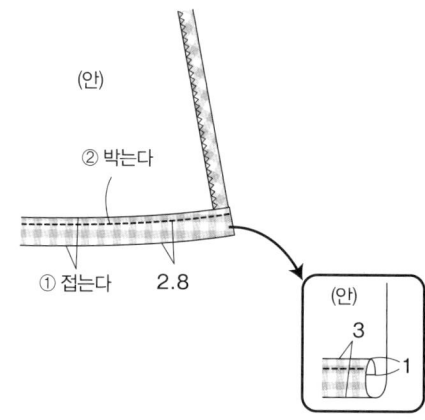

완성

6 만드는 법

준비 작업 : ① 접착심지, 접착테이프를 붙인다.
② 마름질하여 가장자리를 지그재그로 박는다.
(어깨선, 옆선, 앞쪽 안단, 뒤쪽 안단, 소매 옆선, 주머닛감)

1 어깨선을 박는다.

2 어깨 옆폭을 단다.

3 안단 어깨선을 박는다.

4 안단을 단다.(1~4까지 49쪽 참조)

5 소매를 단다.

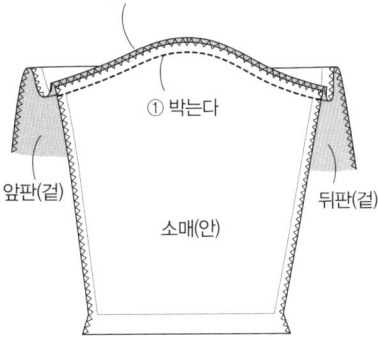

6 소매 옆선을 박는다.

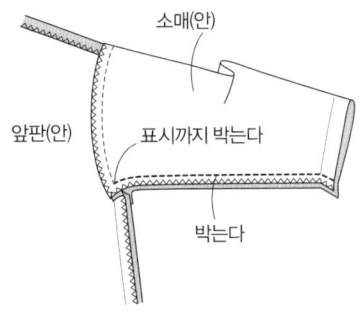

7 소맷부리를 박는다.

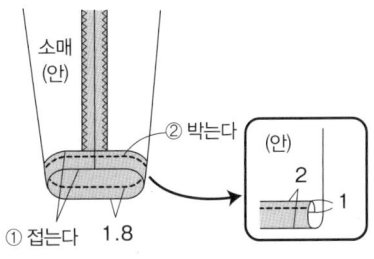

8 주머닛감을 단다.(50쪽 참조)

9 옆선을 박는다.

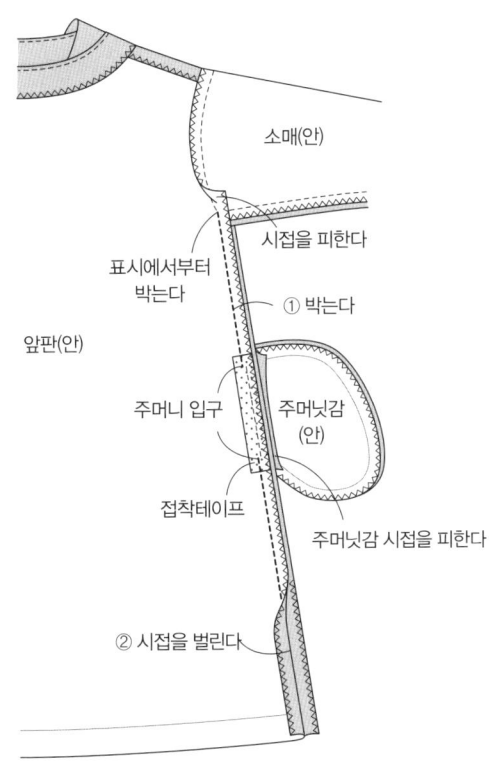

10 주머닛감을 잇는다.(50쪽 참조)

11 밑단을 박는다.

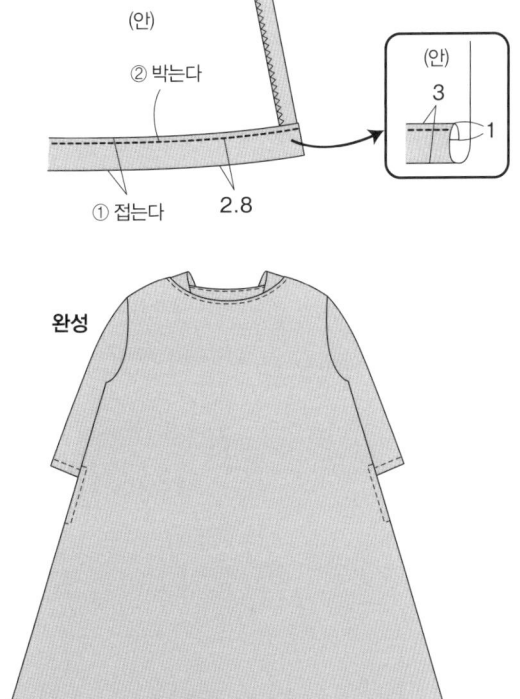

완성

page 14 _ 8 page 15 _ 9

오픈 칼라 셔츠 원피스

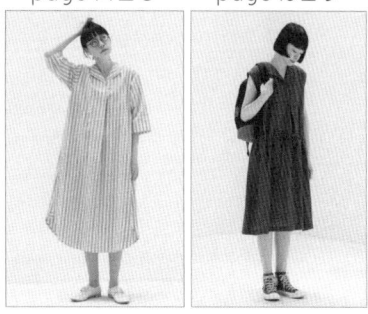

재료 \ 사이즈		S~M	L~LL
8 옷감(평직 줄무늬)	112cm 폭	3m 20cm	3m 30cm
9 옷감(컴피 리넨)	110cm 폭	2m 90cm	3m
접착심지(니혼바이린 FV-2N)	112cm 폭	30cm	30cm
완성 사이즈	8 전체 길이	117.5cm	121.2cm
	9 전체 길이	103.5cm	106.7cm

실물 크기 옷본 B면 8을 사용합니다.

- 8 사용하는 부분: 앞판, 뒤판, 바대, 앞쪽 안단, 뒤쪽 안단, 소매, 옆폭
- 9 사용하는 부분: 앞판, 뒤판, 바대, 앞쪽 안단, 뒤쪽 안단, 앞쪽 덧댐천, 뒤쪽 덧댐천
  (덧댐천은 몸판 안에 포함되어 있습니다)

※ 9의 끈, 바이어스감은 직선 부분이므로 옷감에 직접 그려서 마름질합니다.

8 · 9 옷본 · 제도

□ = 8 실물 크기 옷본

2단으로 적힌 숫자는 S~M, L~LL 사이즈이고 하나만 있는 숫자는 공통

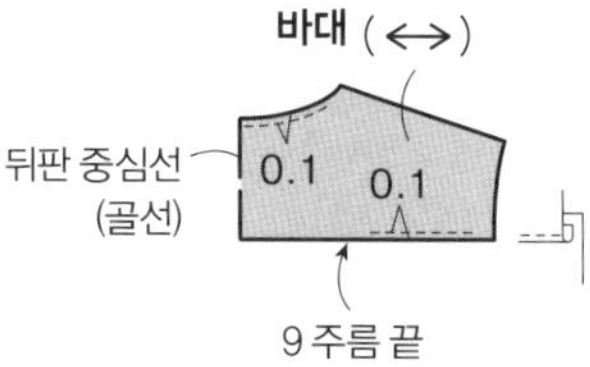

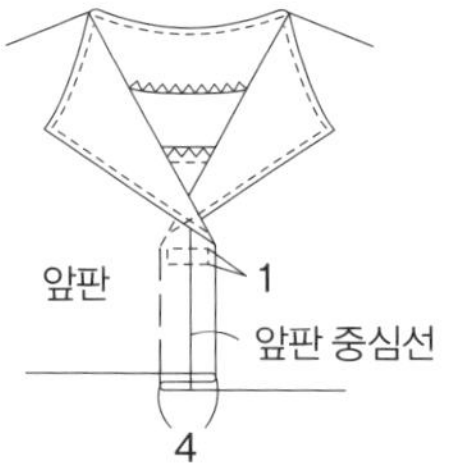

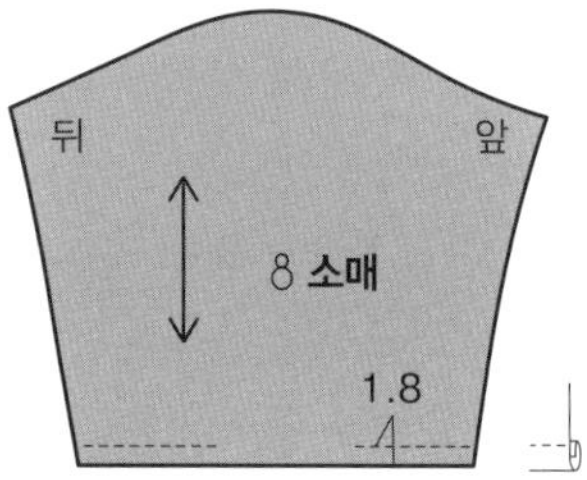

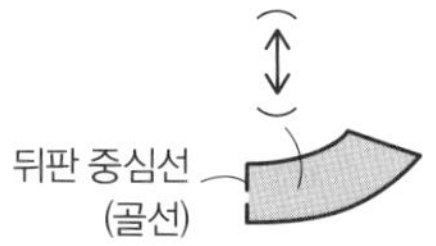

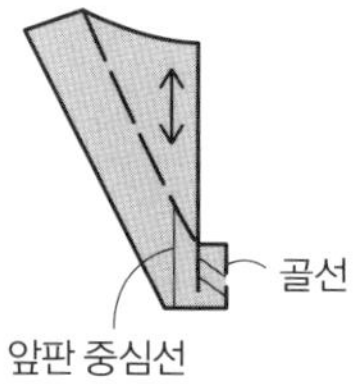

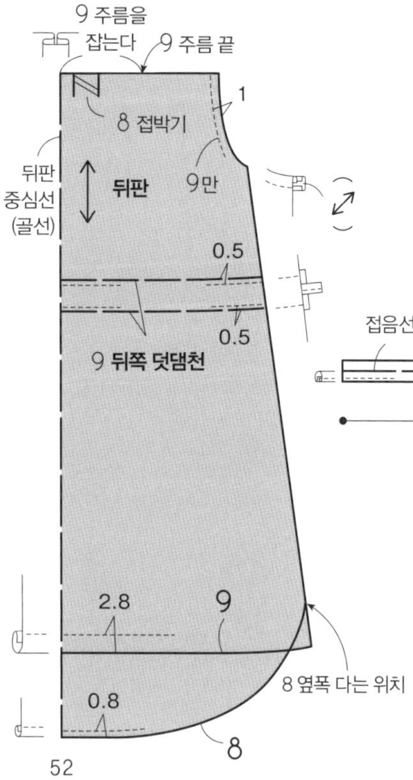

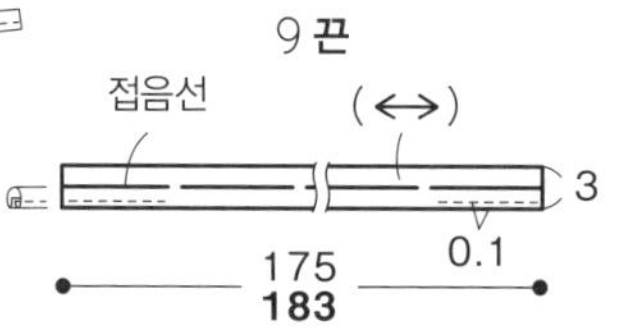

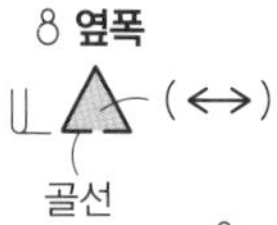

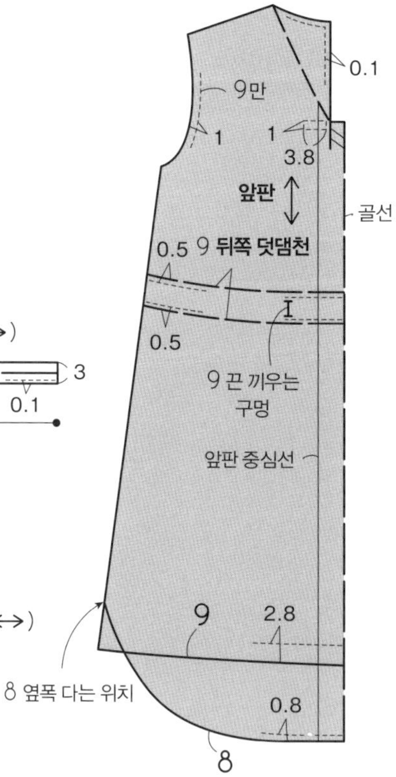

8 옷감을 마름질하는 법

▨ = 접착심지 붙이는 부분

정해진 곳 이외의 시접은 모두 1cm

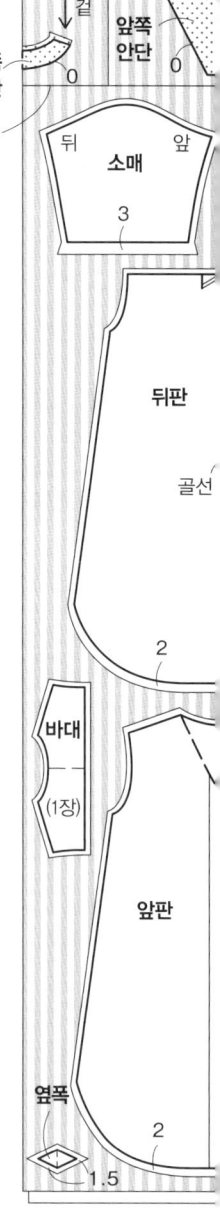

9 바이어스감(↗) 폭 = 1.2

9 옷감을 마름질하는 법

= 접착심지 붙이는 부분

정해진 곳 이외의 시접은 모두 1cm

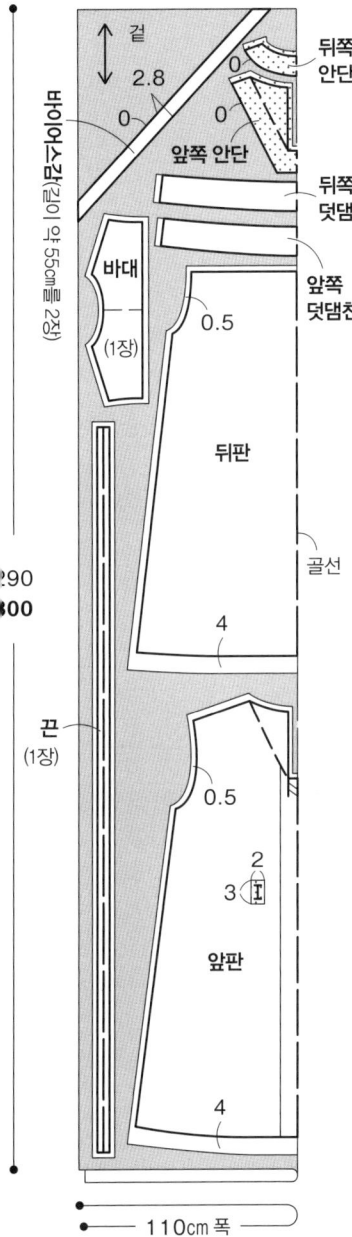

8 만드는 법

준비 작업 : ① 접착심지를 붙인다.
② 마름질하여 가장자리를 지그재그로 박는다.
(어깨선, 옆선, 소매 옆선, 안단)

1 뒤판에 접박기를 하고 바대와 잇는다.

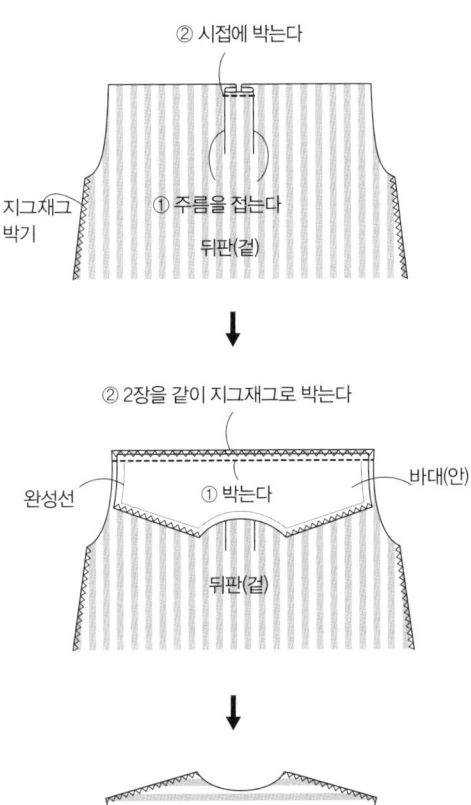

2 어깨선을 박는다.

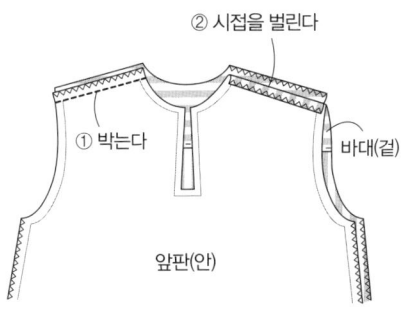

3 안단 어깨선을 박는다.

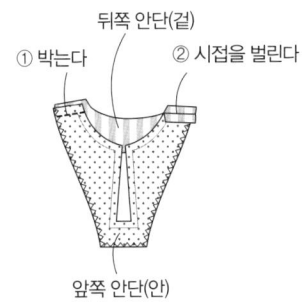

4 안단을 단다.

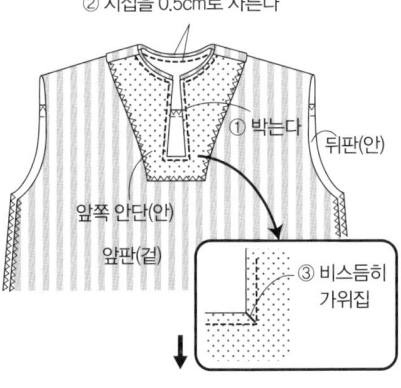

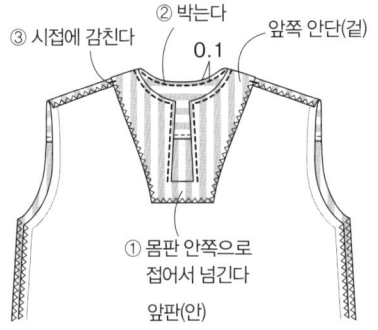

5 앞판에 접박기를 한다.

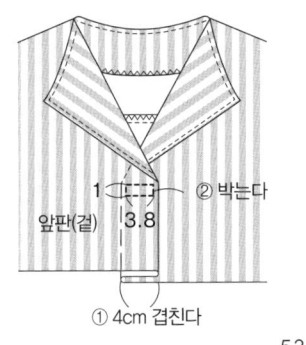

6 소매를 단다. (51쪽 참조)

7 소매 옆선, 몸판 옆선을 박는다.

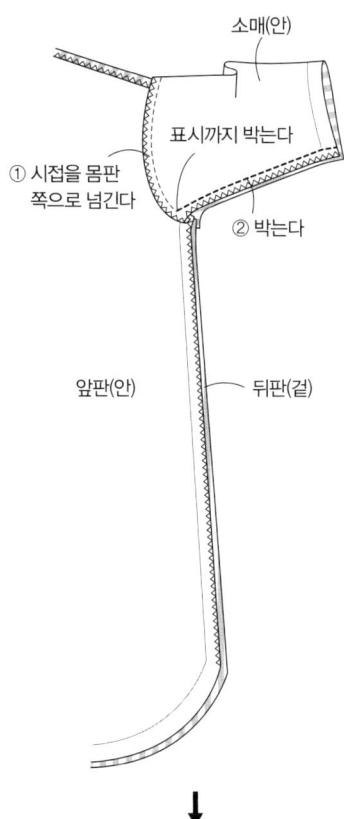

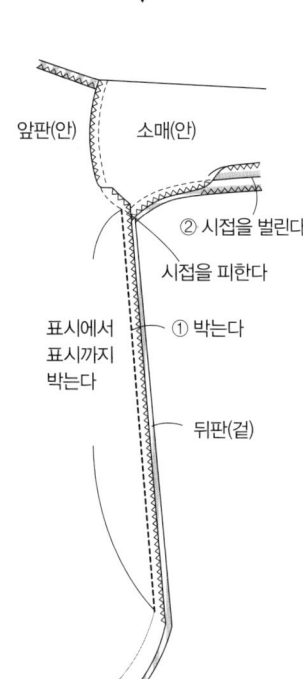

8 밑단을 박는다.

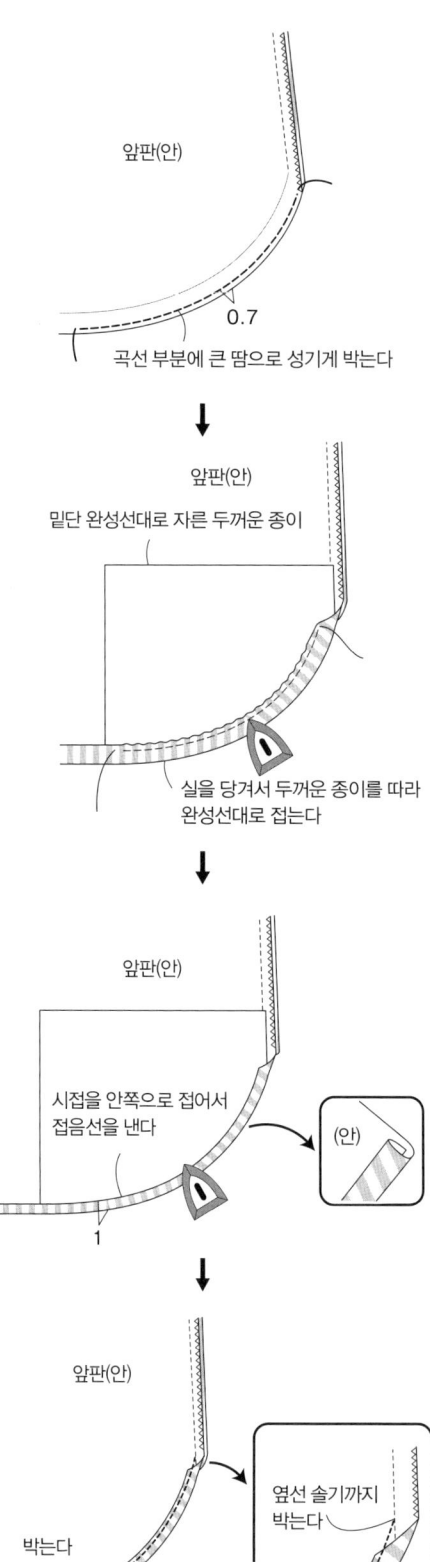

9 옆폭을 만들어서 단다.

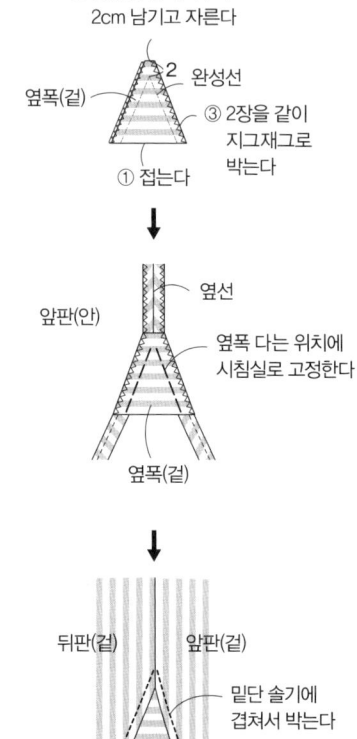

10 소맷부리를 박는다.

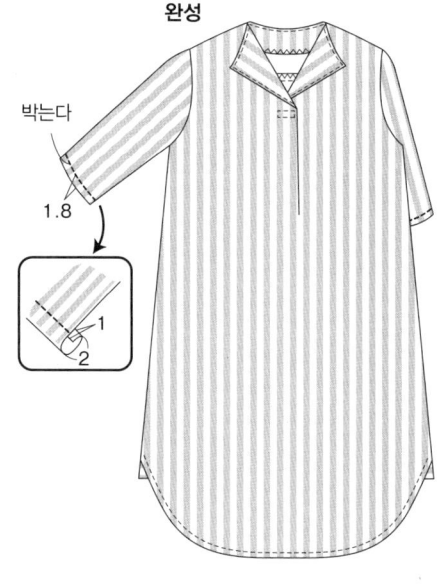

9 만드는 법

준비 작업 : ① 접착심지를 붙인다.
② 마름질하여 가장자리를 지그재그로 박는다.
(어깨선, 옆선, 안단, 덧댐천)

1 끈 끼우는 구멍을 만든다.

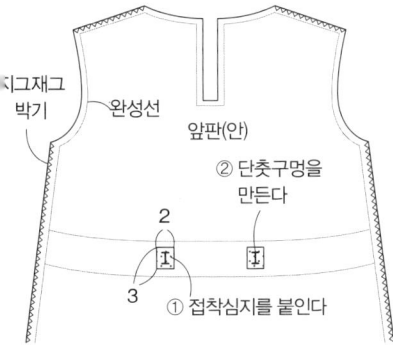

2 뒤판에 주름을 잡고 바대와 잇는다.

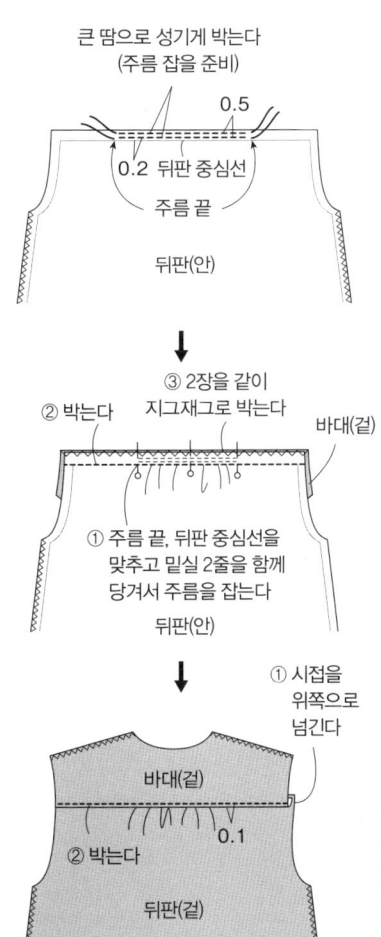

3 어깨선을 박는다.

4 안단 어깨선을 박는다.

5 안단을 단다.

6 앞판에 접박기를 한다.
(3~6까지 53쪽 참조)

7 진동둘레를 박는다.

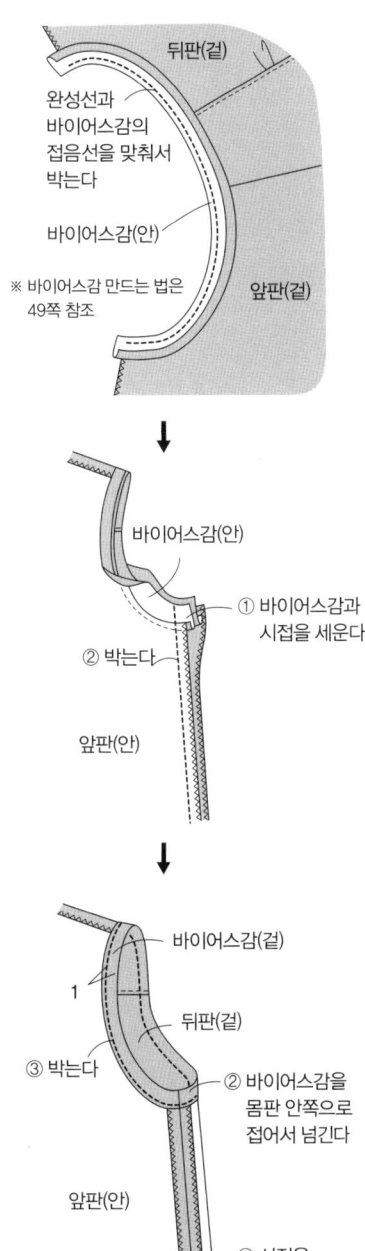

※ 바이어스감 만드는 법은 49쪽 참조

8 밑단을 박는다.

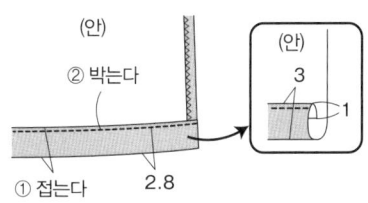

9 덧댐천을 만들어서 단다.

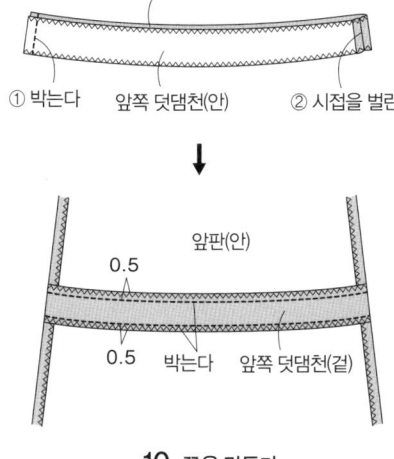

10 끈을 만든다.

11 덧댐천에 끈을 끼운다.

page 16 _ 10 코쿤 실루엣 원피스

재료	사이즈	S~M	L~LL
옷감(더블 거즈)	110cm 폭	3m 20cm	3m 30cm
접착심지(니혼바이린 FV-2N) 1	12cm 폭	20cm	20cm
다리 달린 단추	지름 1cm	2개	2개
완성 사이즈	전체 길이	95.5cm	98.3cm

실물 크기 옷본 B면 10을 사용합니다.

● 사용하는 부분: 앞판, 뒤판, 소매, 바대, 앞쪽 안단, 뒤쪽 안단, 소매 안단
※ 천루프는 직선 부분이므로 옷감에 직접 그려서 마름질합니다.

10 옷본

= 10 실물 크기 옷본

2단으로 적힌 숫자는 S~M, L~LL 사이즈이고 하나만 있는 숫자는 공통

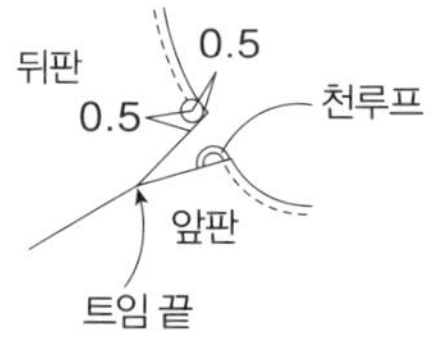

천루프(↗) 폭 = 0.3

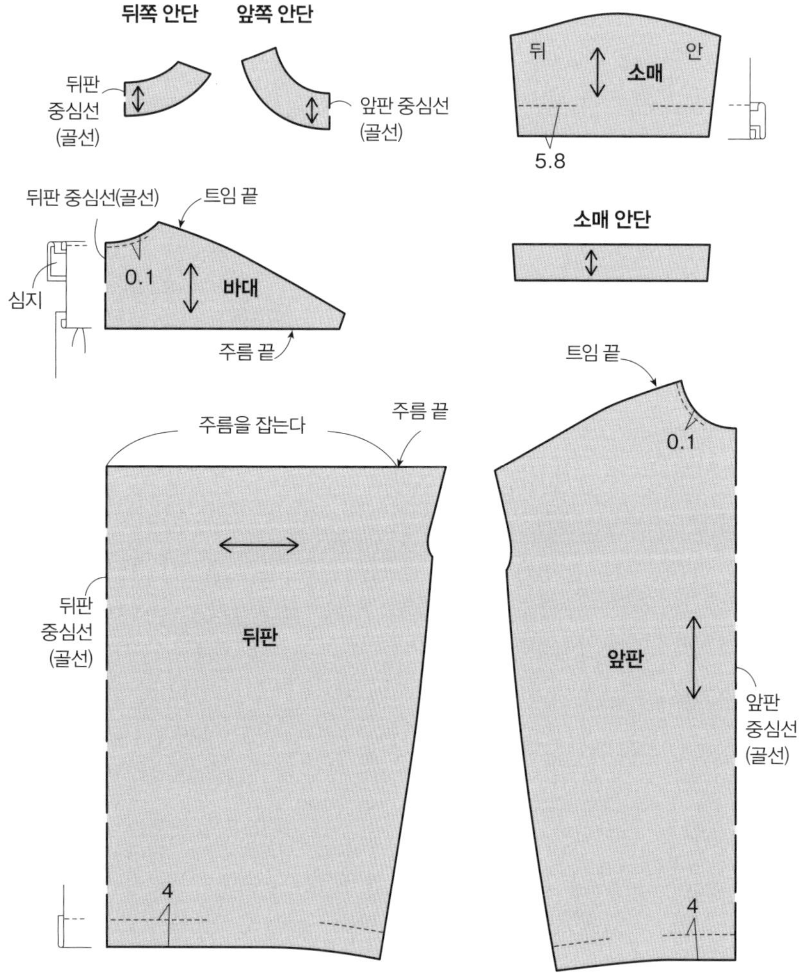

옷감을 마름질하는 법

= 접착심지 붙이는 부분

정해진 곳 이외의 시접은 모두 1cm

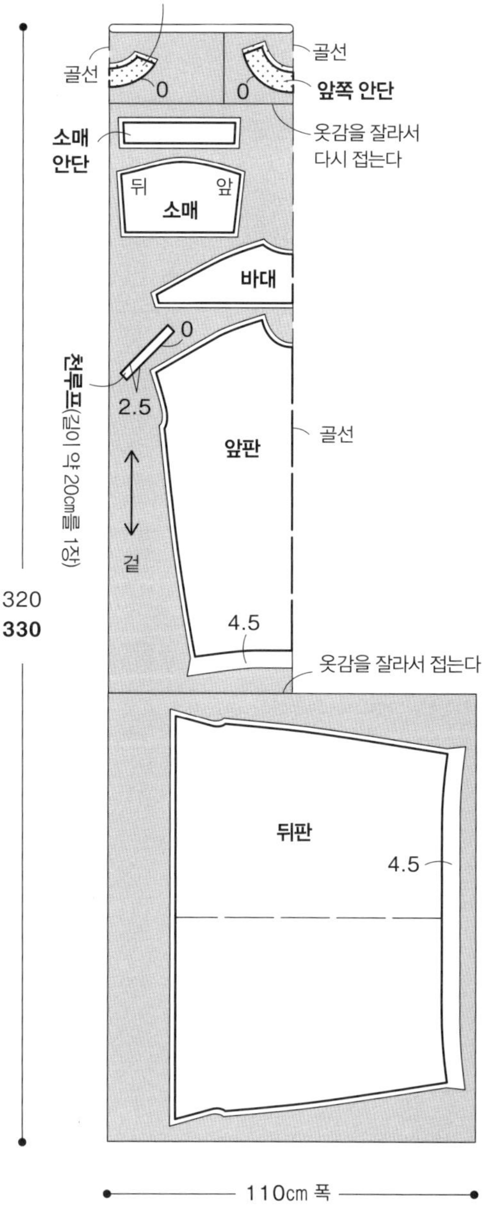

110cm 폭

만드는 법

준비 작업 : ① 접착심지를 붙인다.
② 마름질하여 가장자리를 지그재그로 박는다.
(옆선, 어깨선, 밑단, 소매 옆선, 안단)

1 뒤판과 바대를 잇는다.

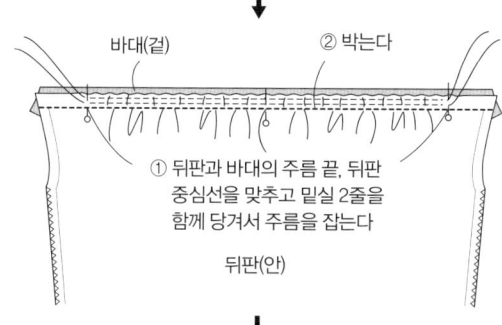

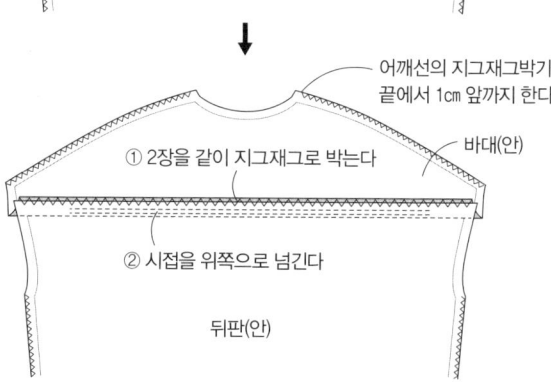

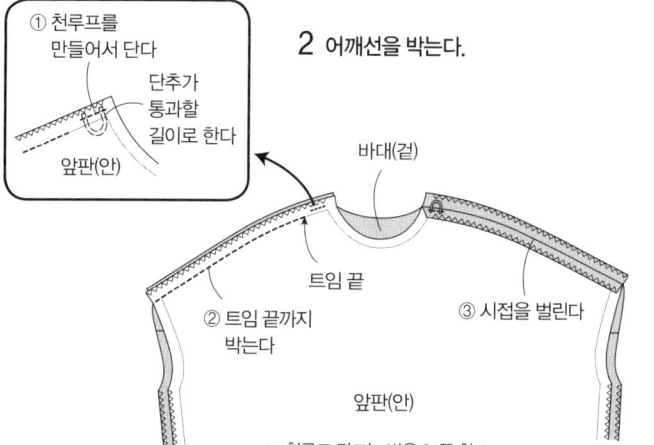

2 어깨선을 박는다.

※ 천루프 만드는 법은 61쪽 참조

3 안단 어깨선을 박는다.

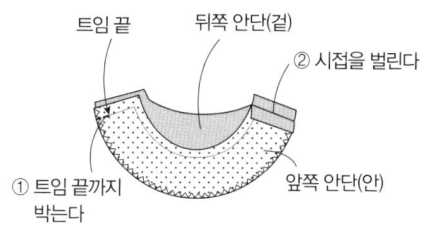

4 안단을 단다.

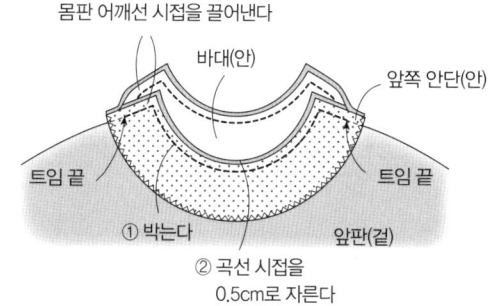

5 소매를 단다.

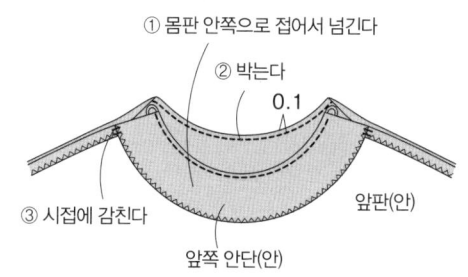

6 소매 옆선, 몸판 옆선을 박는다.

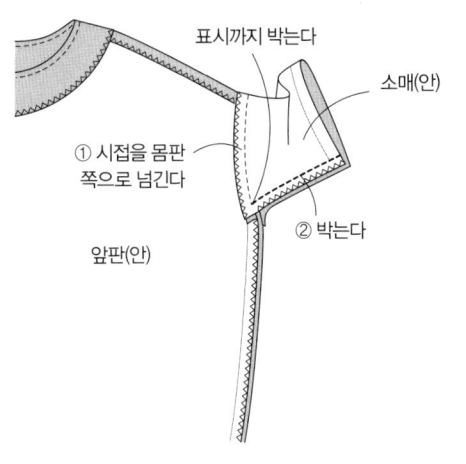

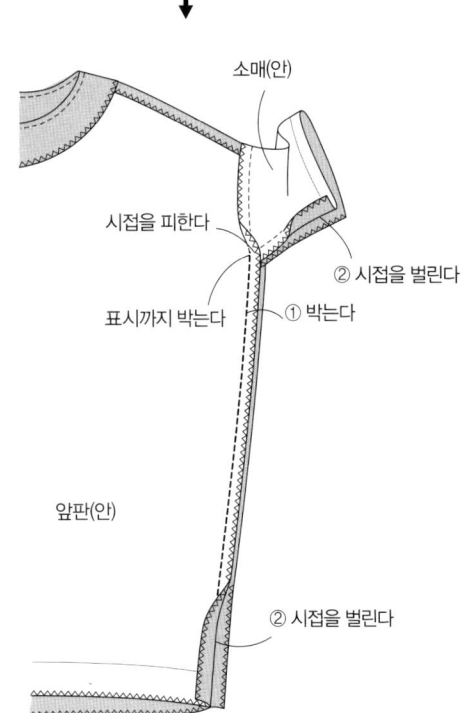

7 소매 안단을 만든다.

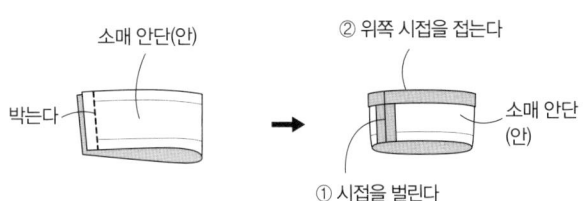

8 소매 안단을 단다.

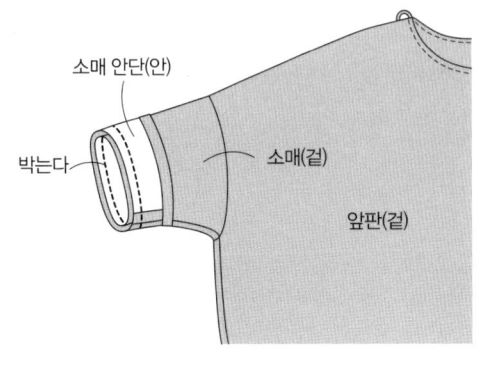

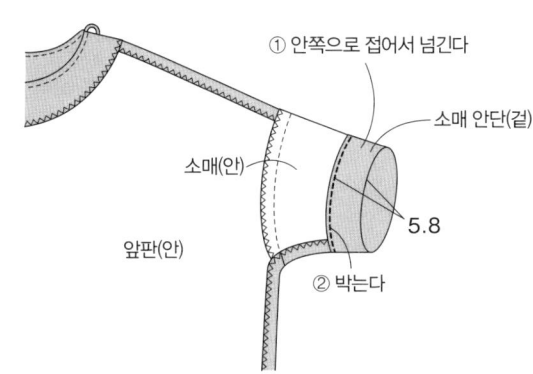

9 밑단을 박고 단추를 단다.

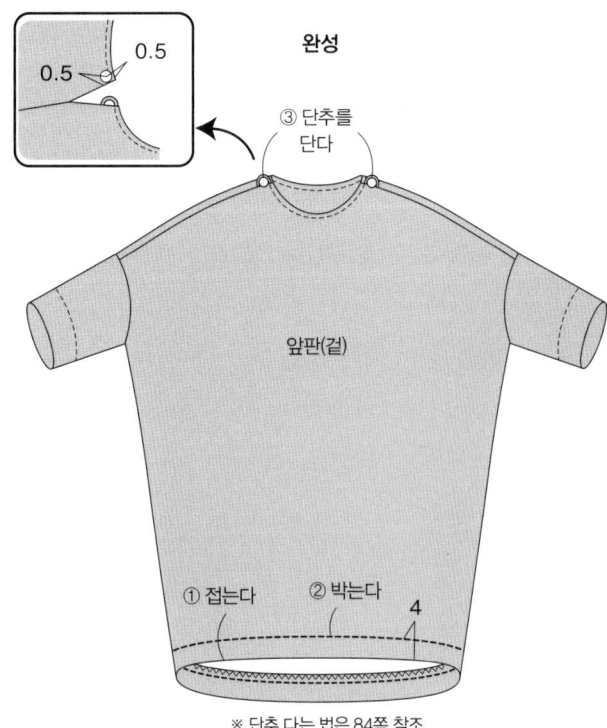

※ 단추 다는 법은 84쪽 참조

page 18 _ 11

page 19 _ 12

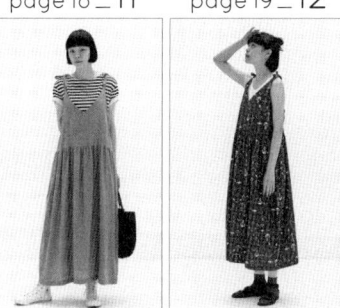

어깨 리본 캐미솔 원피스

재료 ＼ 사이즈		S~M	L~LL
11 옷감(리넨)	112cm 폭	2m 90cm	3m
12 옷감(더블 거즈)	108cm 폭	2m 90cm	3m
접착심지(니혼바이린 FV-2N)	112cm 폭	30cm	30cm
완성 사이즈	전체 길이(어깨끈 제외)	112.5cm	116cm

실물 크기 옷본 A면 11을 사용합니다.

- 사용하는 부분: 앞판, 뒤판, 앞쪽 안단, 뒤쪽 안단

※ 치마 앞·뒤판, 어깨끈은 직선 부분이므로 옷감에 직접 그려서 마름질합니다.

11 · 12 **옷본 · 제도**

= 11 실물 크기 옷본

2단으로 적힌 숫자는 S~M, L~LL 사이즈이고 하나만 있는 숫자는 공통

= 접착심지 붙이는 부분

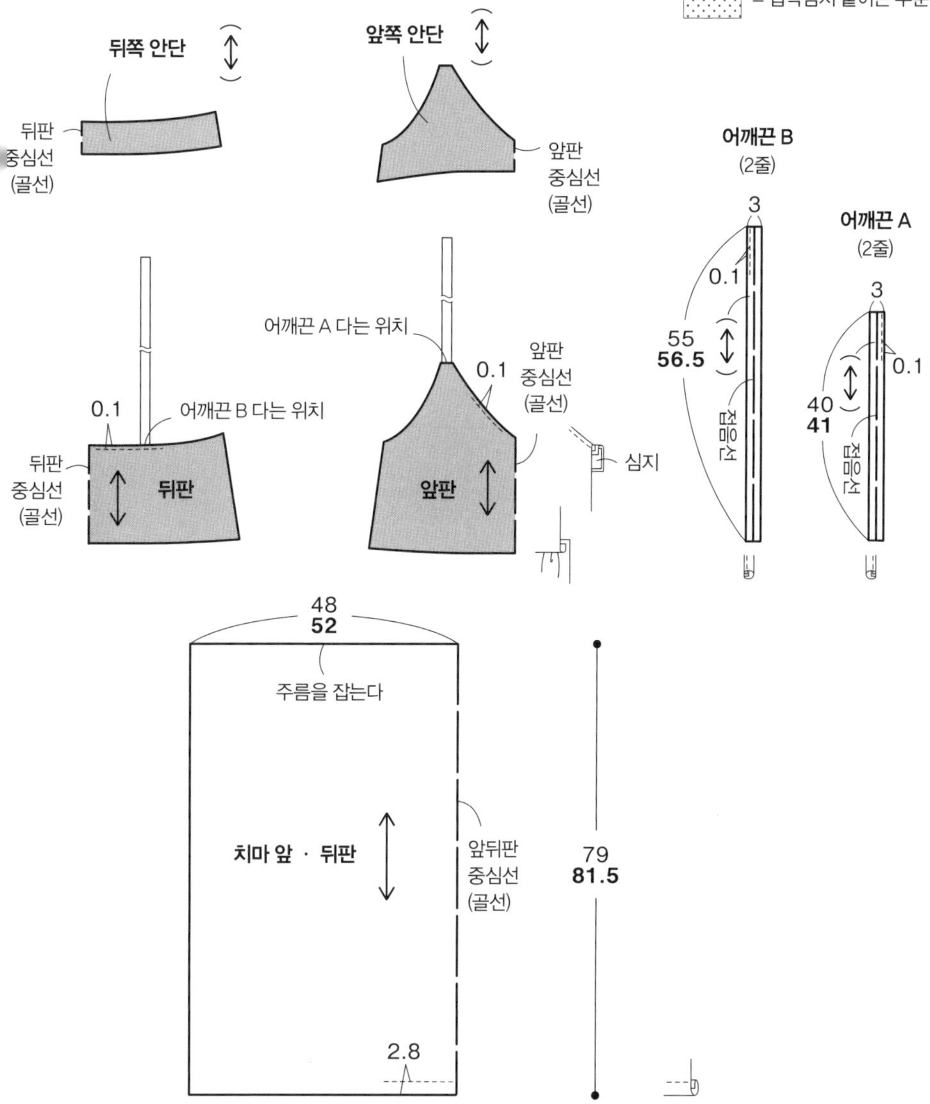

옷감을 마름질하는 법

정해진 곳 이외의 시접은 모두 1cm

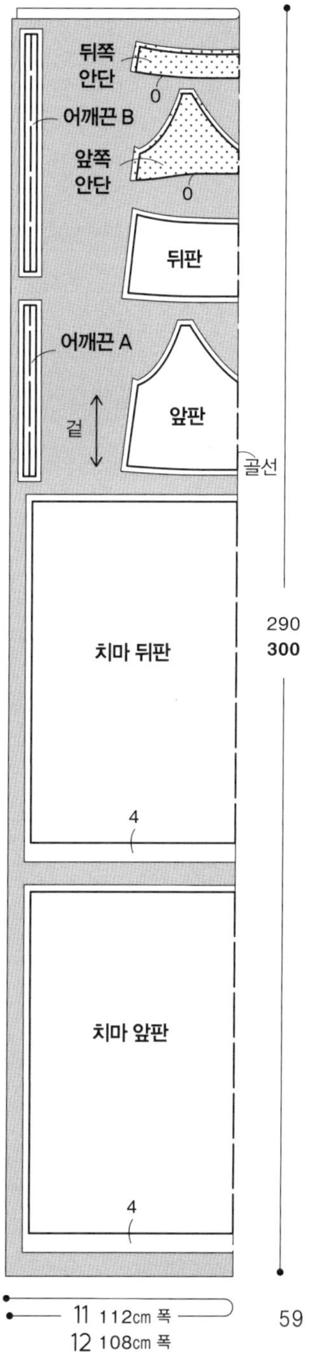

만드는 법

준비 작업 : ① 접착심지를 붙인다.
② 마름질하여 가장자리를 지그재그로 박는다.
(어깨선, 옆선, 안단)

1 옆선을 박는다.

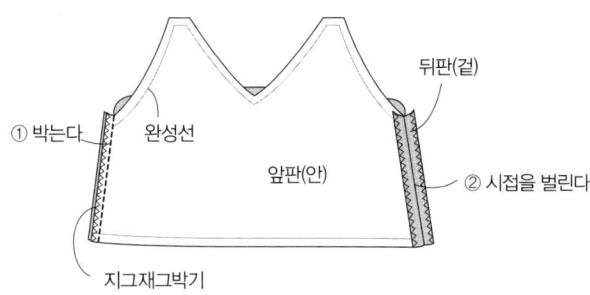

2 안단을 만든다.

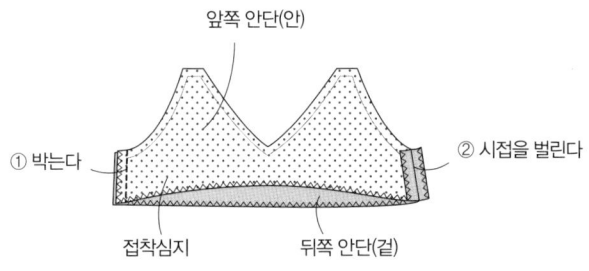

3 어깨끈 A · B를 만든다.

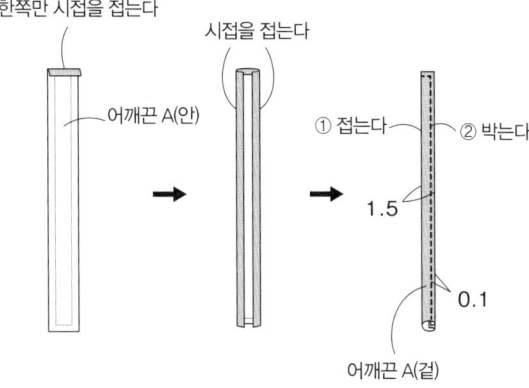

※ 어깨끈 B도 같은 방법으로 만든다

4 어깨끈을 단다.

5 안단을 단다.

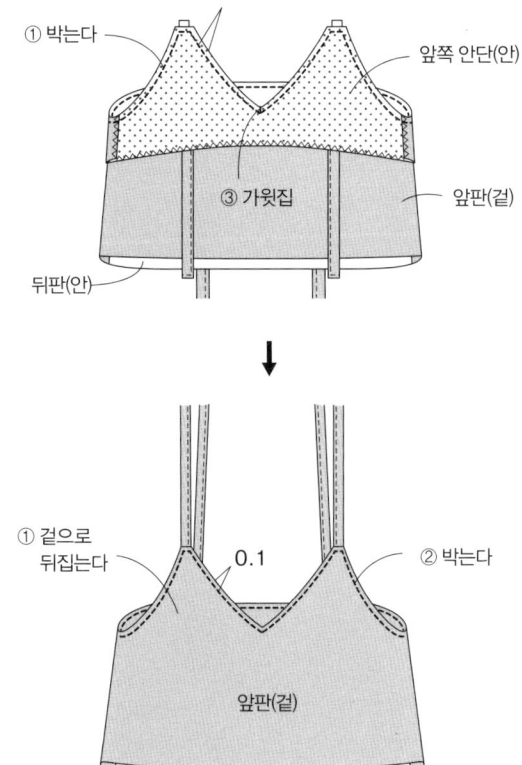

6 치마를 만든다.

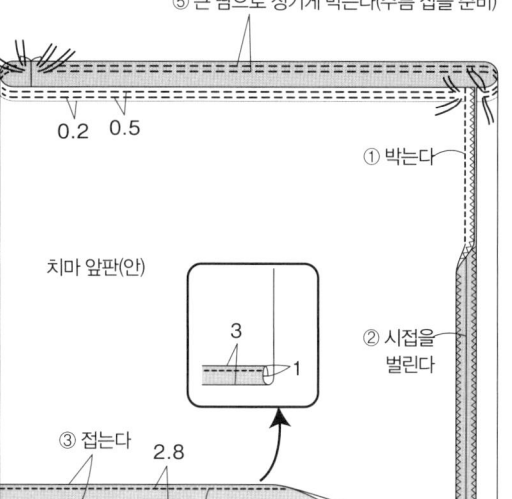

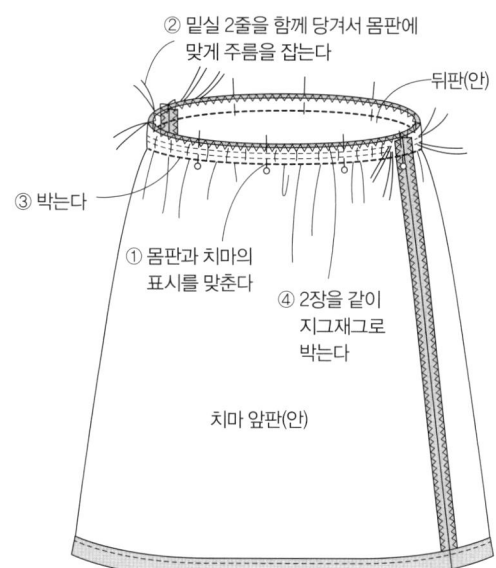

7 몸판과 치마를 잇는다.

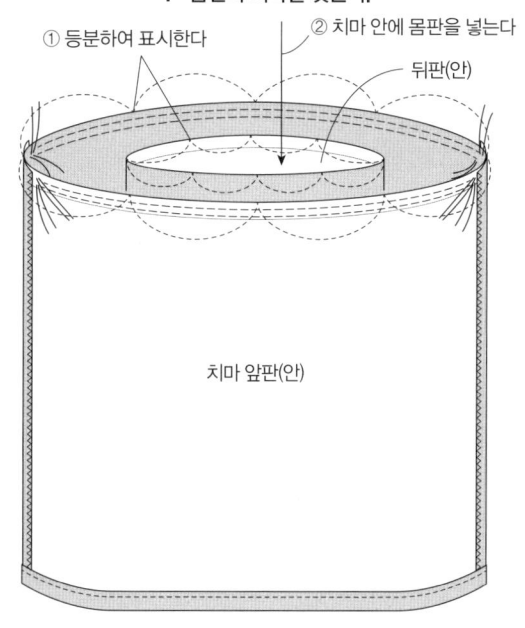

완성

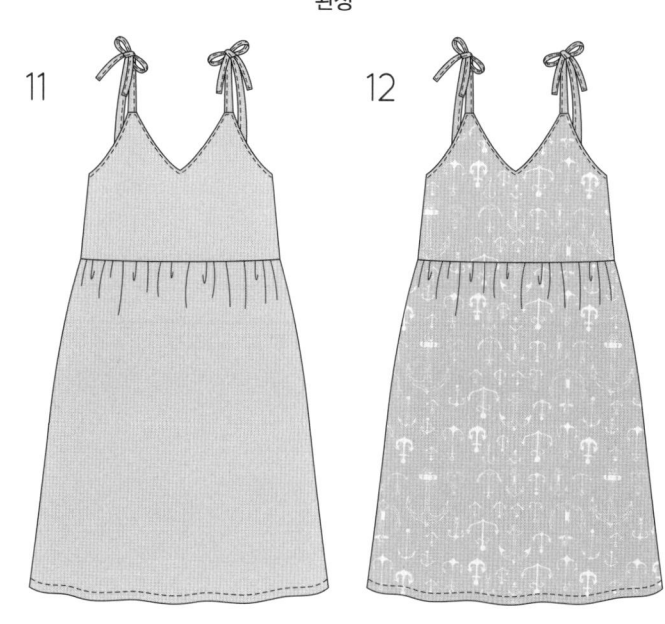

천루프 만드는 법

page 20 _ 13 어깨 트임 플레어 원피스

재료 \ 사이즈		S~M	L~LL
옷감(모시)	110cm 폭	4m 70cm	4m 90cm
단추	지름 1cm	1개	1개
납작 고무줄	1cm 폭	40cm	45cm
완성 사이즈	전체 길이	118.5cm	122.3cm

실물 크기 옷본 B면 13을 사용합니다.

● 사용하는 부분 : 앞판, 뒤판, 소매, 뒤쪽 안단

※ 덧치마, 치마, 바이어스감, 천루프는 직선 부분이므로 옷감에 직접 그려서 마름질합니다.

13 옷본 · 제도

= 13 실물 크기 옷본

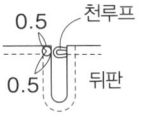

천루프(↗) 폭 = 0.3
바이어스감(↗) 폭 = 1.2

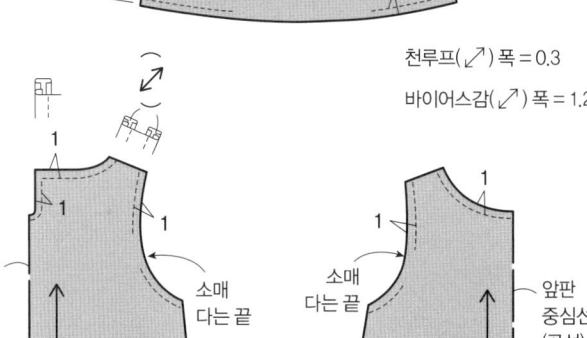

2단으로 적힌 숫자는 S~M, L~LL 사이즈이고 하나만 있는 숫자는 공통

옷감을 마름질하는 법

정해진 곳 이외의 시접은 모두 1cm

목둘레선 바이어스감 (길이 약 60cm를 1장)

진동둘레 바이어스감 (길이 약 50cm를 2장)

천루프 (길이 약 10cm를 1장)

뒤쪽 안단(1장)

470
490

110cm 폭

만드는 순서 ※ 1~5 만드는 법은 43쪽, 9~12는 44쪽 참조.

1. 천루프를 만들어서 단다.
2. 뒤쪽 안단을 만든다.
3. 뒤쪽 안단을 단다.
4. 어깨선을 박는다.
5. 목둘레선을 박는다.
6. 소매를 만든다.
7. 옆선을 박는다.
8. 소매를 단다.
9. 덧치마와 치마를 만든다.
   (덧치마의 옆선 시접은 벌린다)
10. 몸판 밑단에 표시를 한다.
11. 몸판과 치마를 잇는다.
12. 단추를 단다.

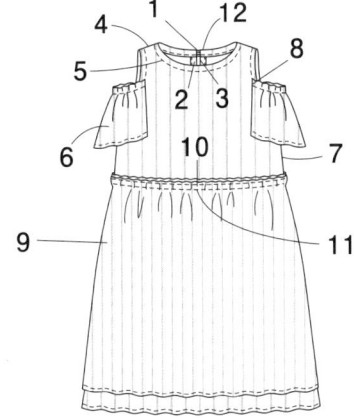

만드는 법

준비 작업 : 마름질하여 가장자리를 지그재그로 박는다.
(어깨선, 옆선, 몸판 밑단선, 소매 위쪽 끝선, 소매 옆선)

6 소매를 만든다.

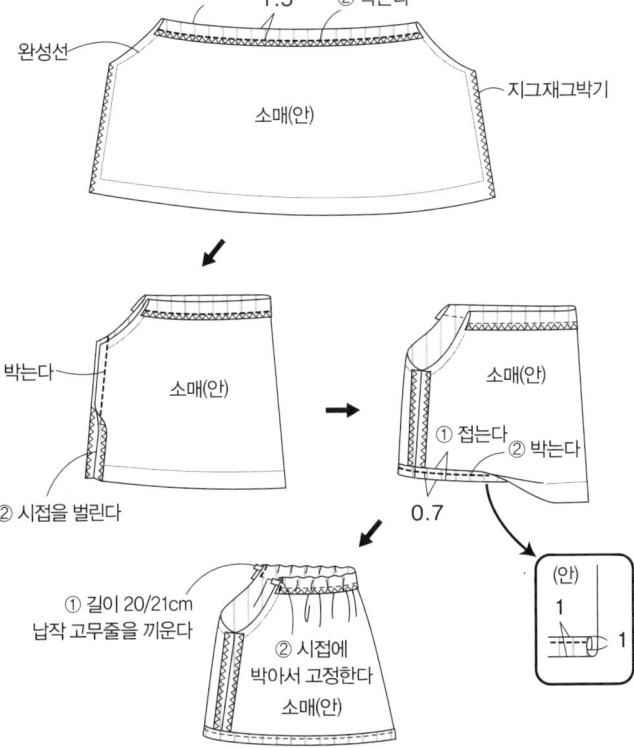

7 옆선을 박는다.

8 소매를 단다.

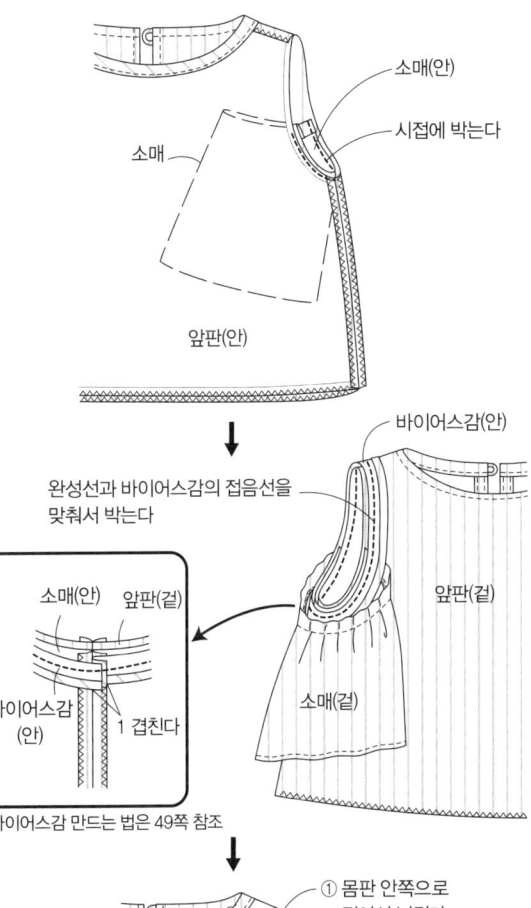

※ 바이어스감 만드는 법은 49쪽 참조

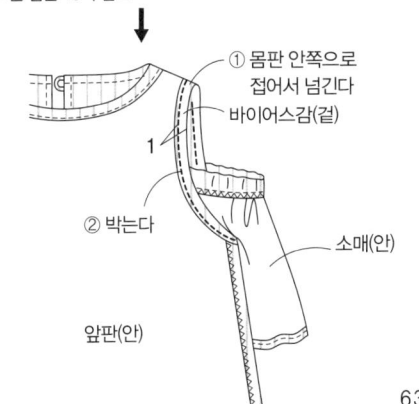

page 22 _ **14** page 23 _ **15**

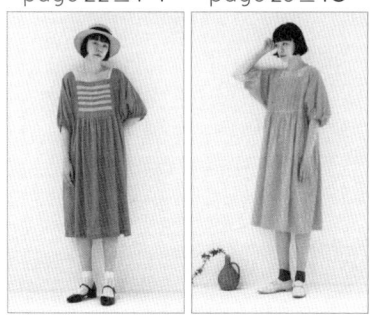

볼륨 소매 원피스

재료	사이즈	S~M	L~LL
14 옷감(컴피 리넨)	110cm 폭	2m 80cm	2m 90cm
15 옷감(평직 줄무늬)	112cm 폭	3m	3m 10cm
14 레이스 A	2cm 폭	50cm	50cm
14 레이스 B	1.8cm 폭	50cm	50cm
14 레이스 C	1.2cm 폭	25cm	25cm
납작 고무줄	1.5cm 폭	65cm	70cm
완성 사이즈	전체 길이	104.5cm	107.8cm

※ 실물 크기 옷본은 없습니다. 모두 직선 부분이므로 옷감에 직접 그려서 마름질합니다.

14 옷감을 마름질하는 법
정해진 곳 이외의 시접은 모두 1cm

15 옷감을 마름질하는 법
정해진 곳 이외의 시접은 모두 1cm

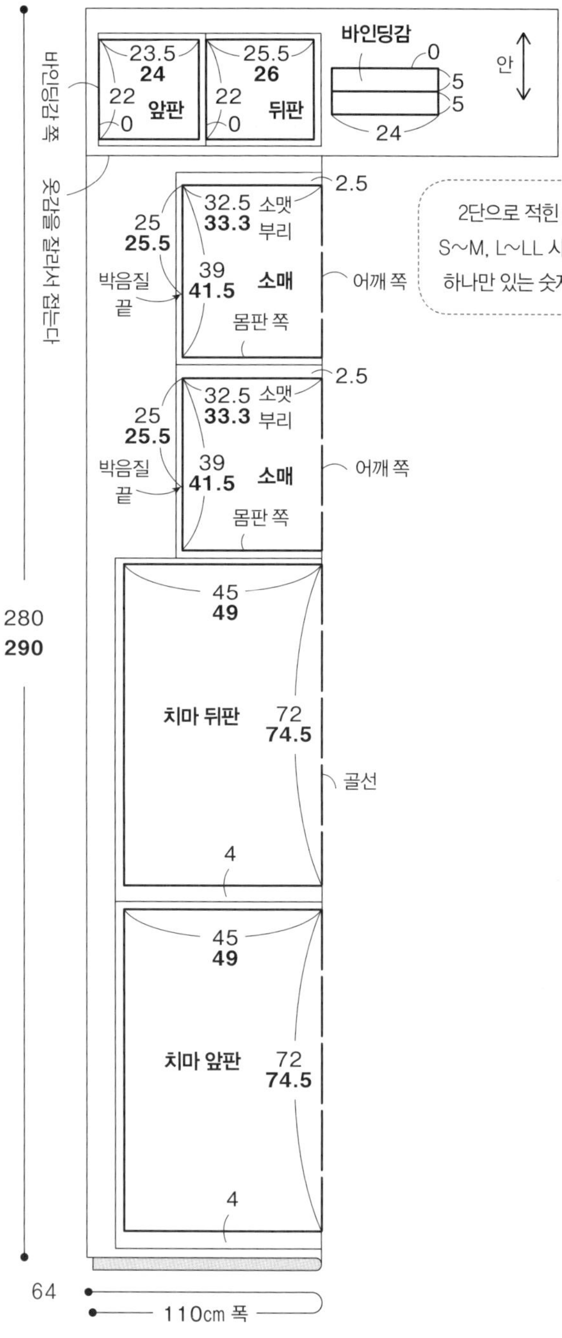

2단으로 적힌 숫자는 S~M, L~LL 사이즈이고 하나만 있는 숫자는 공통

64

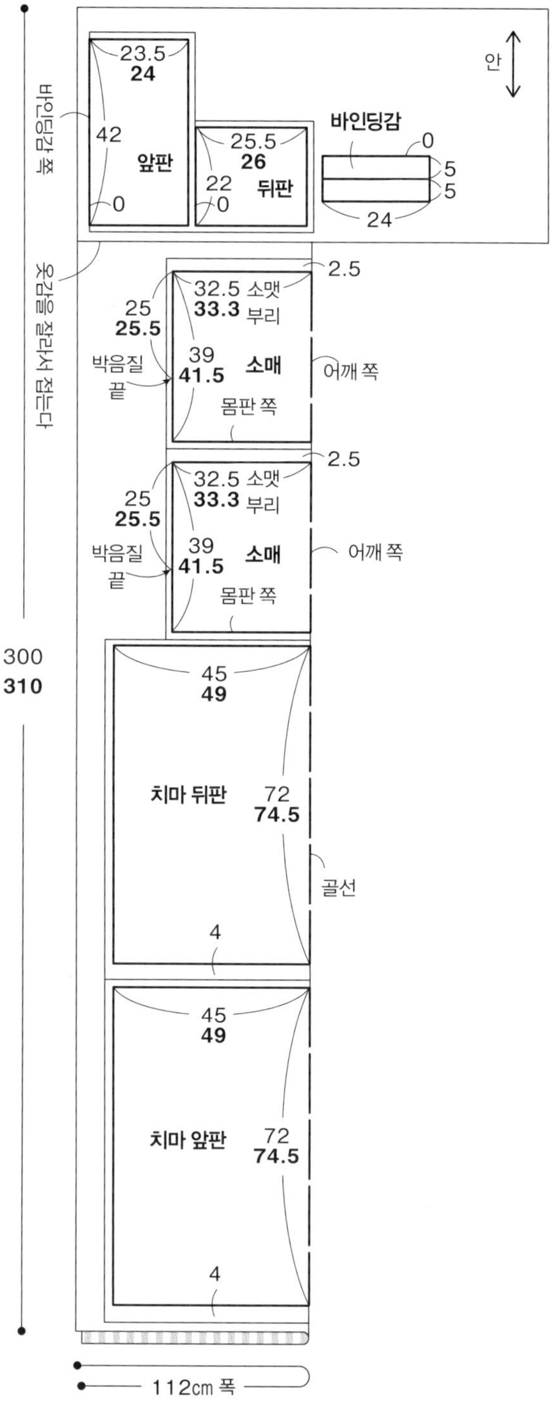

만드는 법

준비 작업 : 마름질하여 가장자리를 지그재그로 박는다. (소매, 치마 옆선, 허리선, 14 앞·뒤판 허리선, 15 뒤판 허리선)

1 앞판에 레이스를 단다. (14만)

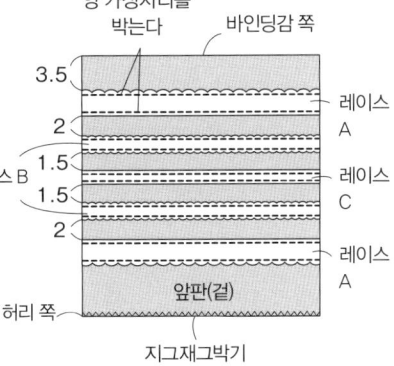

2 앞판에 접박기를 한다. (15만)

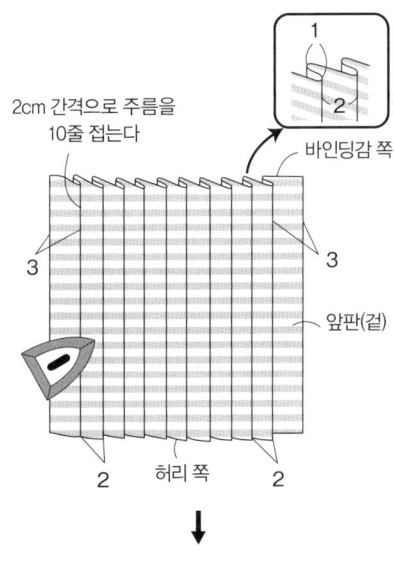

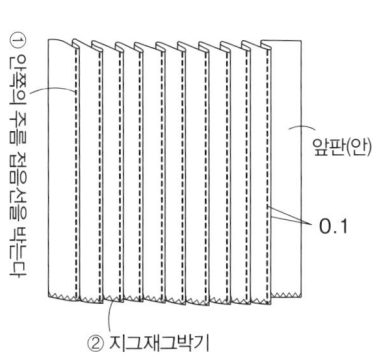

3 바인딩감을 만든다.

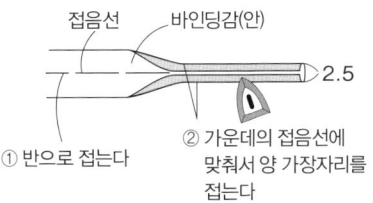

4 바인딩 처리를 한다.

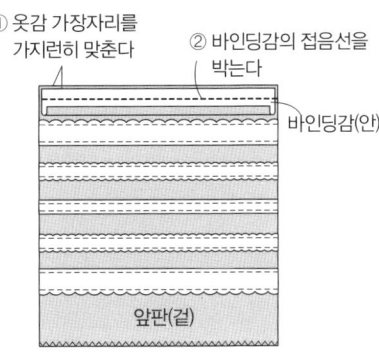

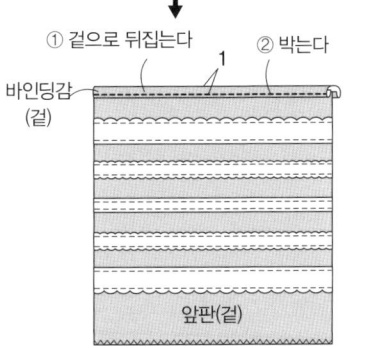

※ 뒤판도 같은 방법으로 바인딩 처리를 한다

5 몸판과 소매를 잇는다.

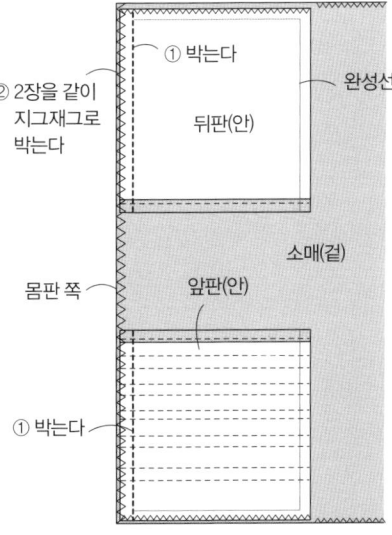

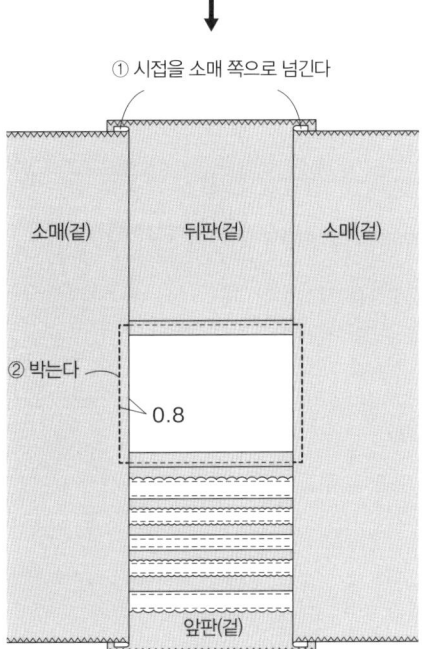

6 소매 옆선을 박는다.

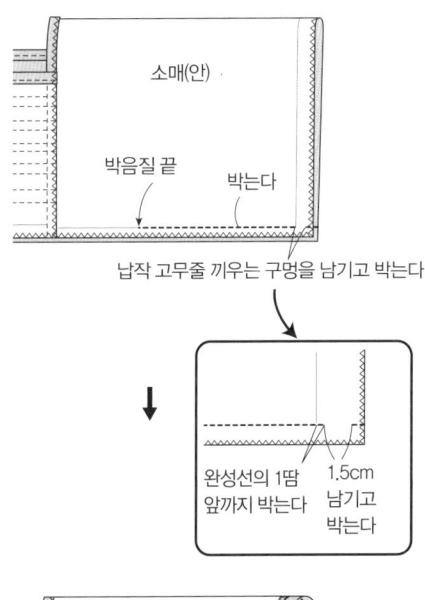

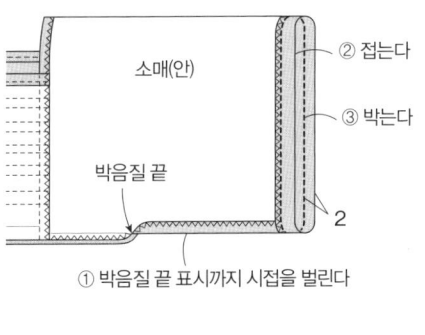

7 소맷부리에 납작 고무줄을 끼운다.

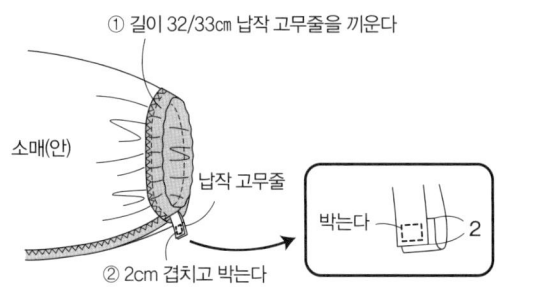

10 몸판과 치마를 잇는다.

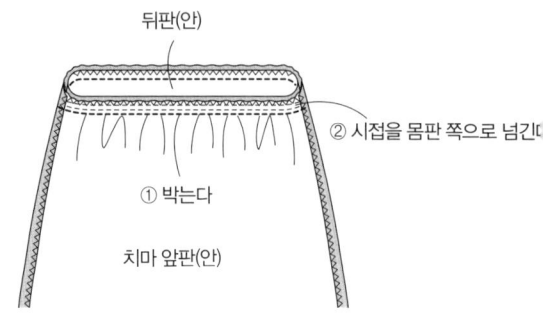

8 치마를 만든다.

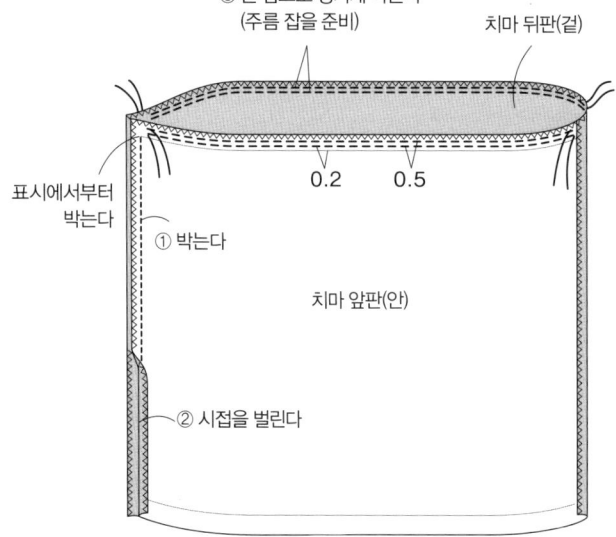

11 밑단을 박는다.

9 치마에 주름을 잡는다.

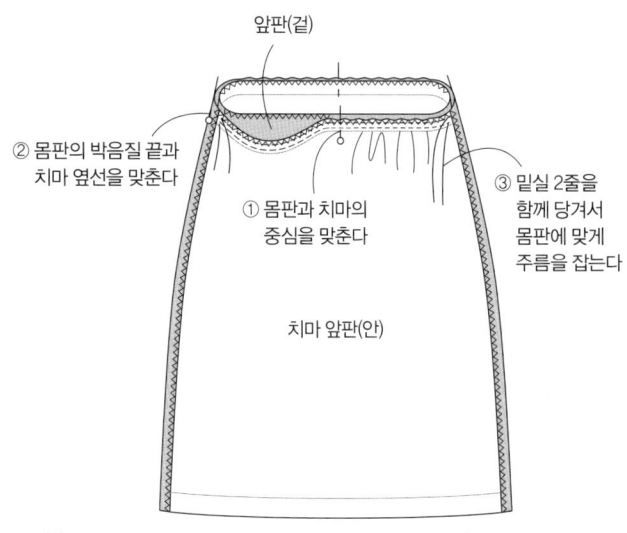

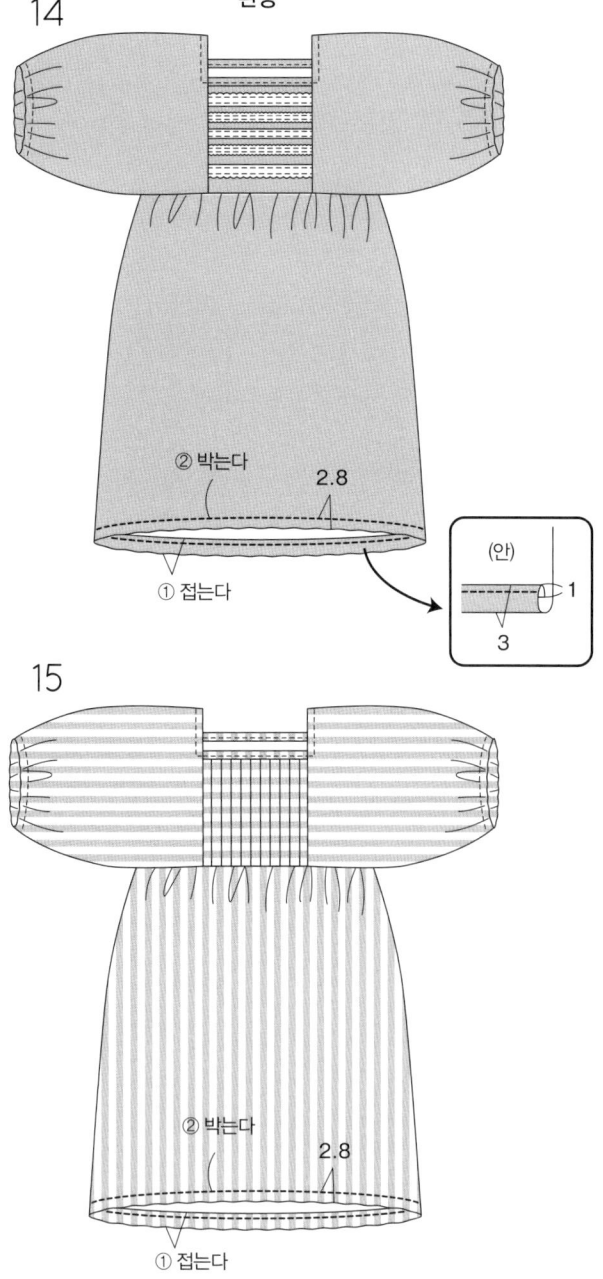

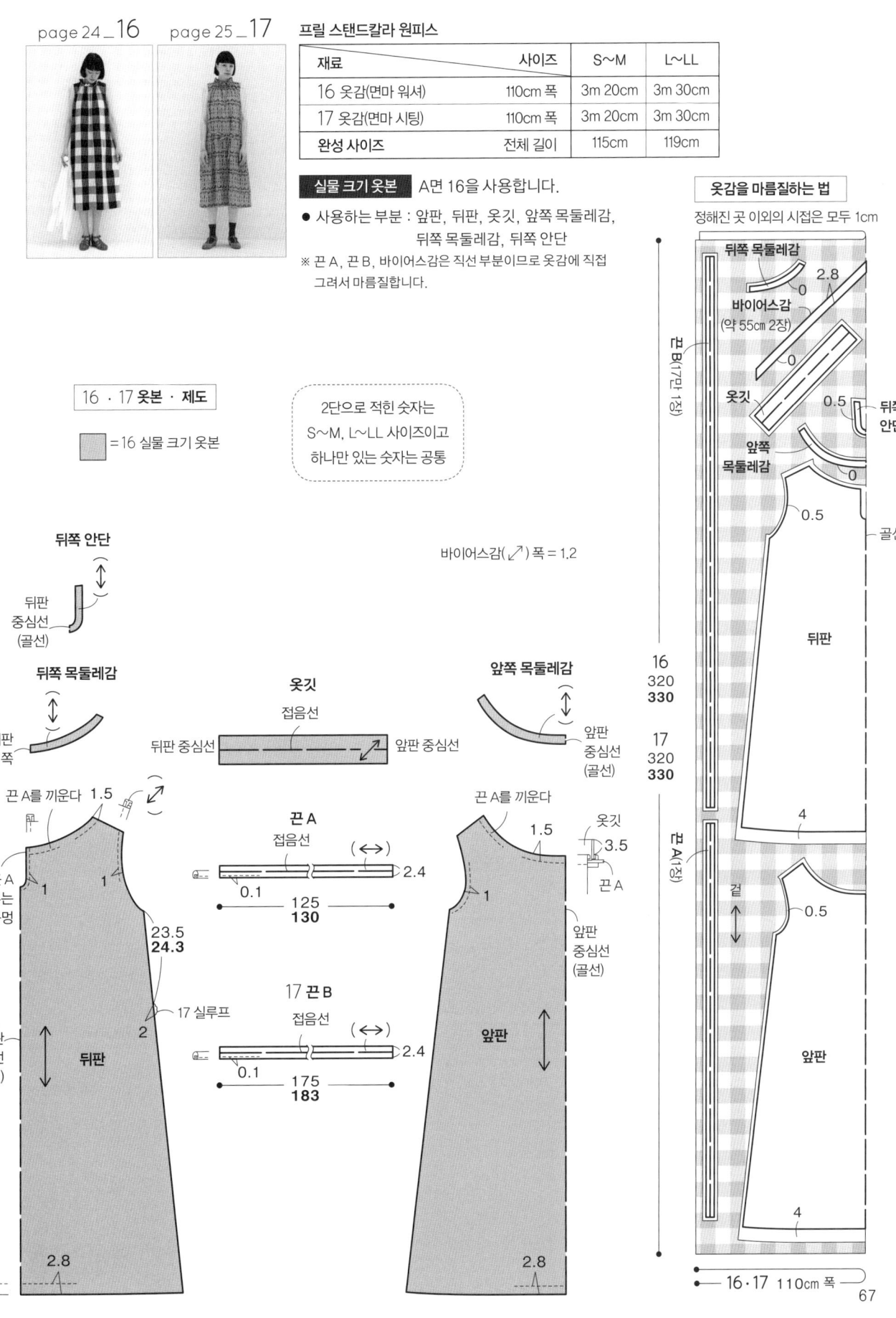

만드는 법

준비 작업 : 마름질하여 가장자리를 지그재그로 박는다.
(어깨선, 옆선, 목둘레감)

1 뒤쪽 안단을 만들어서 단다.
(43쪽 참조)

2 어깨선을 박는다.

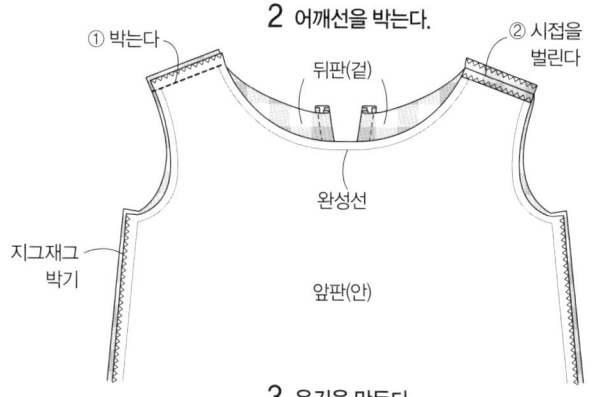

3 옷깃을 만든다.

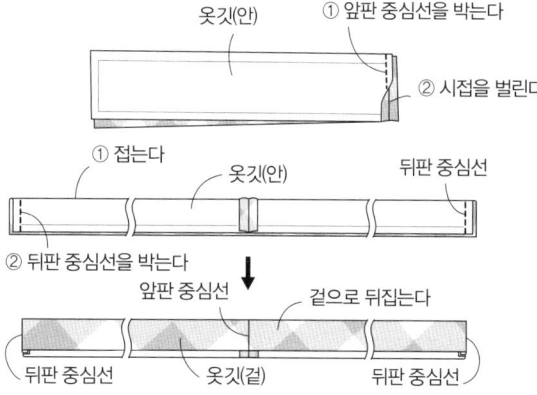

4 목둘레감의 어깨선을 박는다.

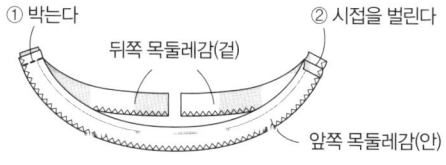

5 옷깃과 목둘레감을 단다.

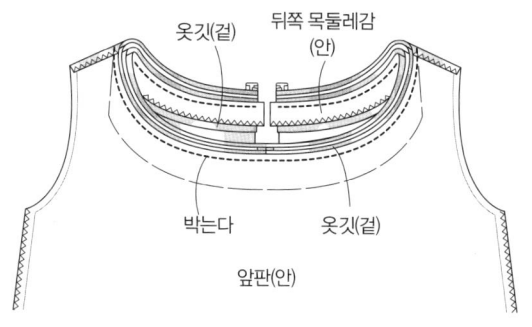

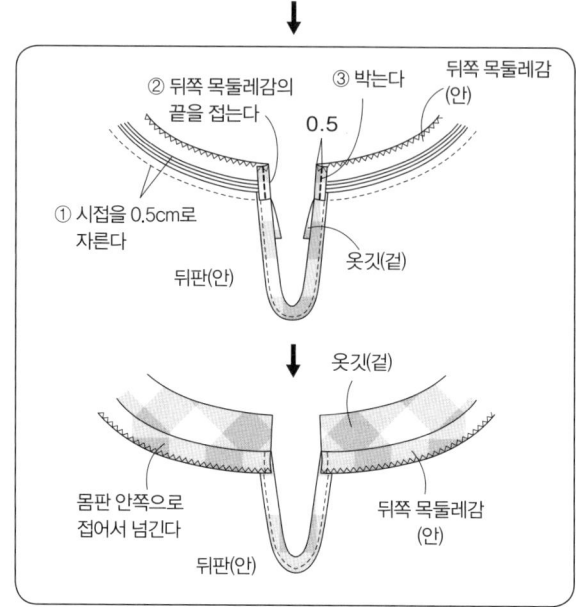

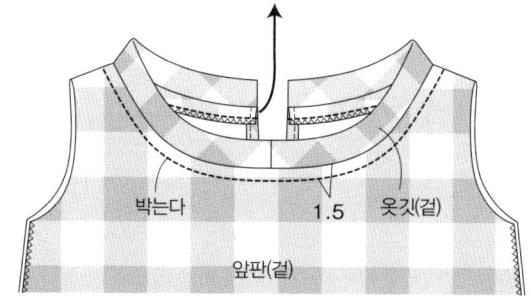

6 진동둘레, 옆선, 밑단을 박는다.

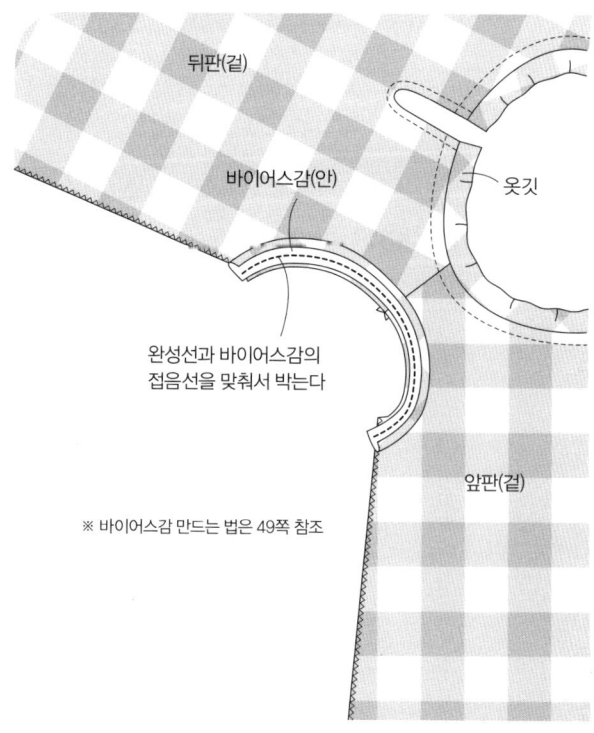

※ 바이어스감 만드는 법은 49쪽 참조

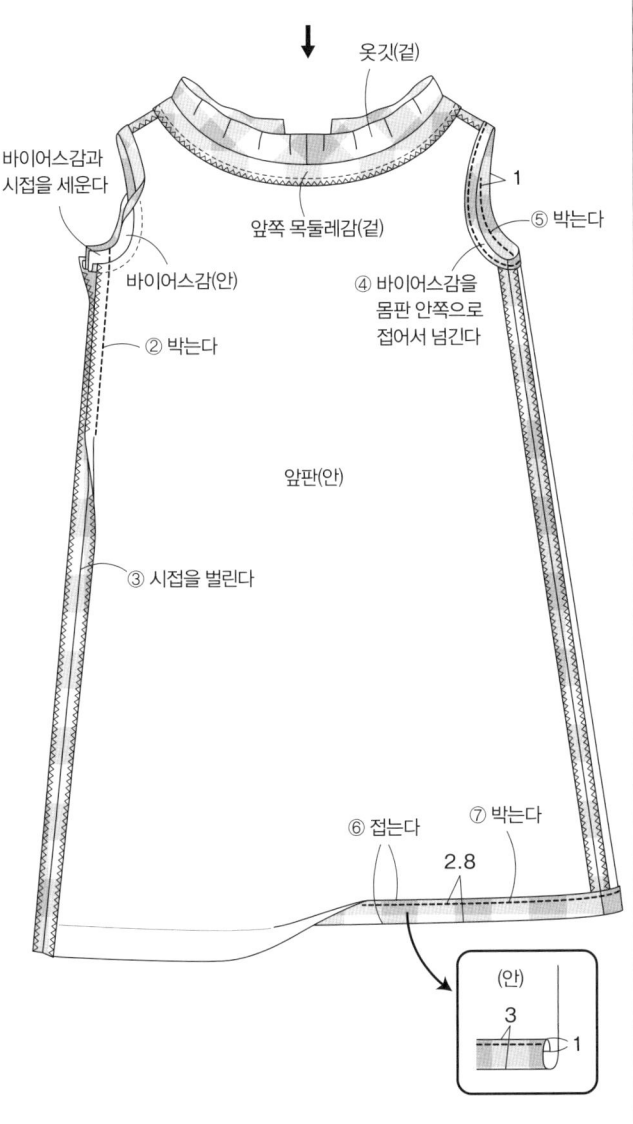

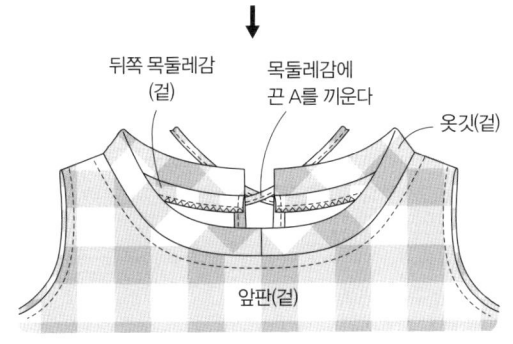

완성

7 끈 A를 만들어서 단다.

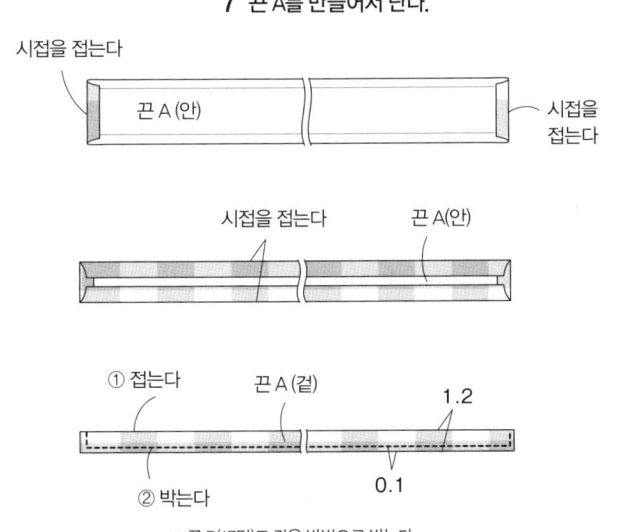

※ 끈 B(17만)도 같은 방법으로 박는다

8 실루프를 만든다.

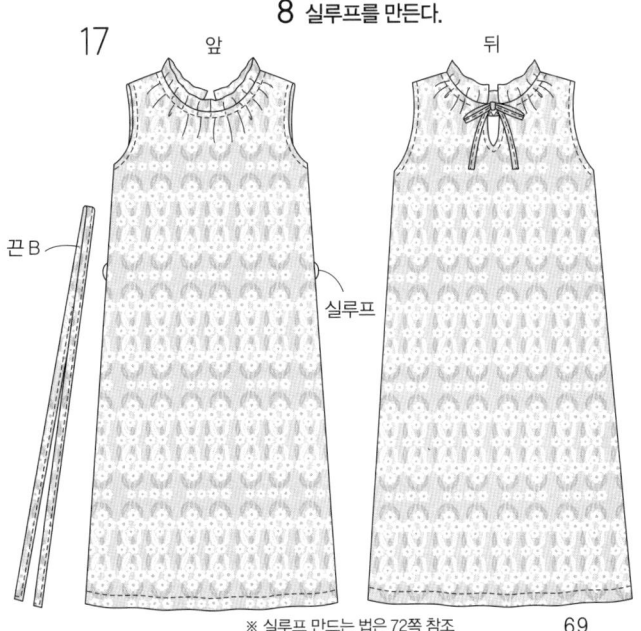

※ 실루프 만드는 법은 72쪽 참조

page 26 _ 18 슬릿 원피스

재료	사이즈	S~M	L~LL
옷감(더블 거즈 깅엄체크 프린트)	110cm 폭	3m 10cm	3m 20cm
접착심지(니혼바이린 FV-2N)	112cm 폭	20cm	20cm
완성 사이즈	전체 길이	103cm	106cm

실물 크기 옷본 A면 18을 사용합니다.

● 사용하는 부분 : 앞판, 뒤판, 앞쪽 안단, 뒤쪽 안단, 앞·뒤쪽 밑단 안단

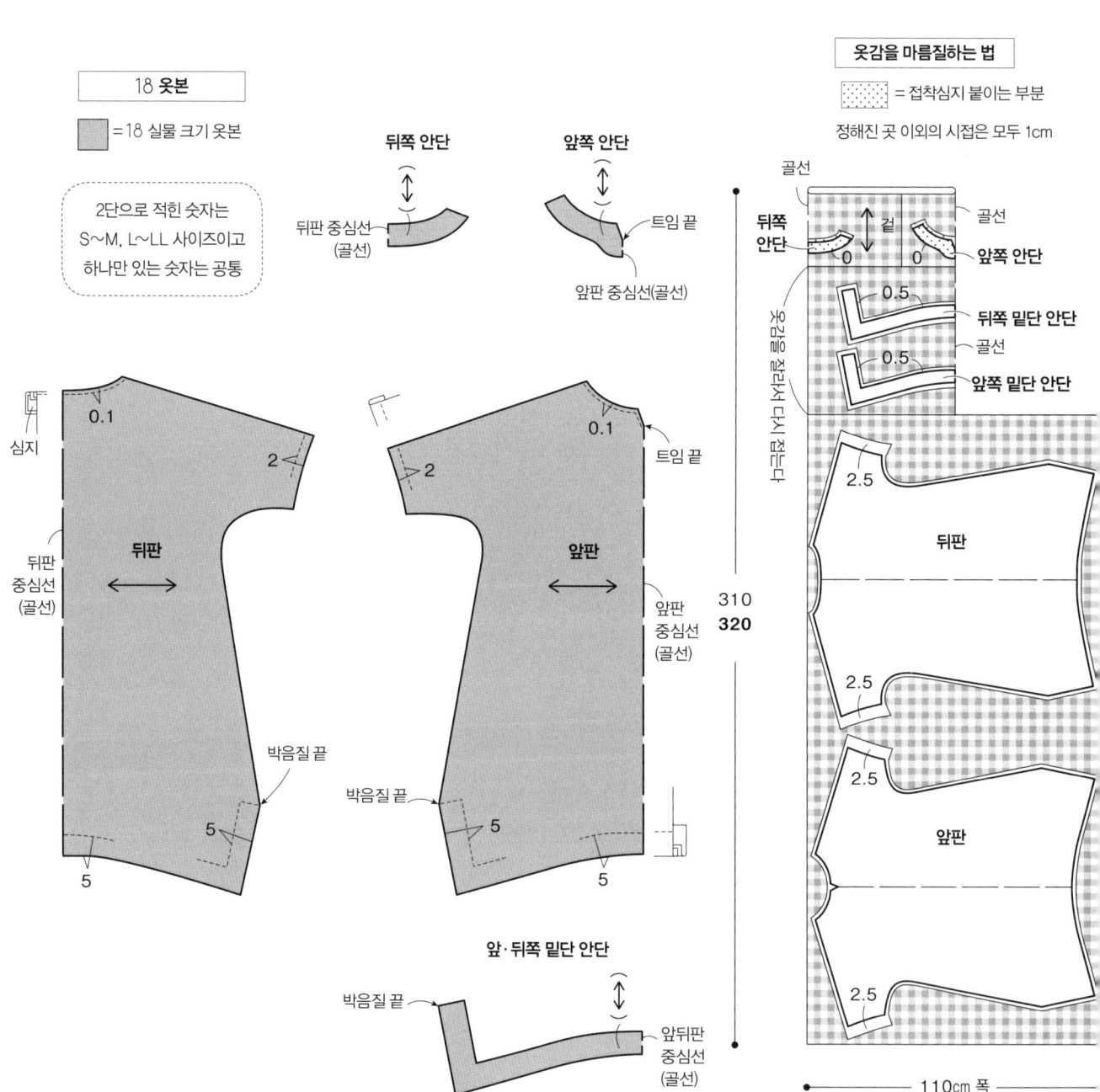

만드는 법

준비 작업 : ① 접착심지를 붙인다.
② 마름질하여 가장자리를 지그재그로 박는다.
(어깨선, 옆선, 소맷부리, 안단, 밑단 안단)

1 어깨선을 박는다.

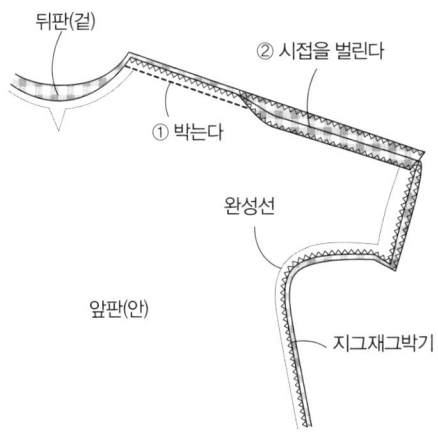

2 안단 어깨선을 박는다.

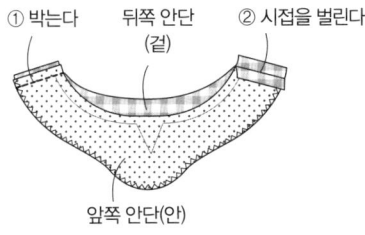

3 안단을 단다.

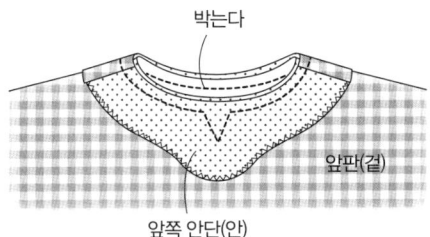

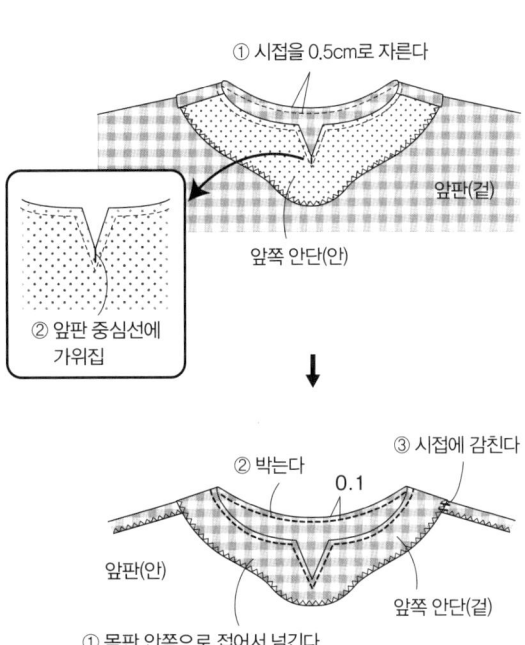

4 옆선을 박는다.

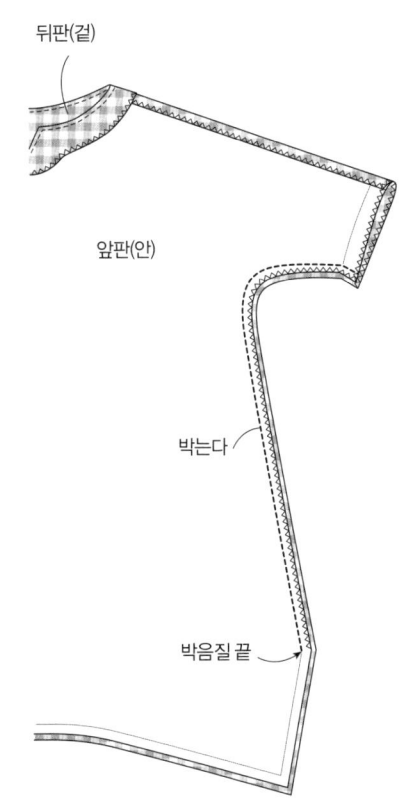

5 밑단 안단의 옆선을 박는다.

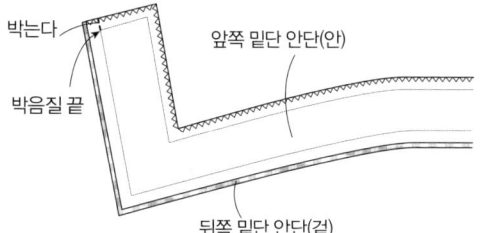

6 밑단 안단을 단다.

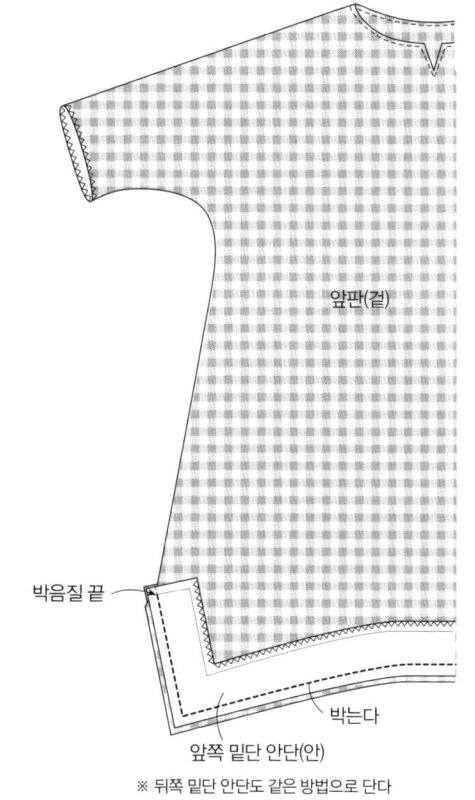

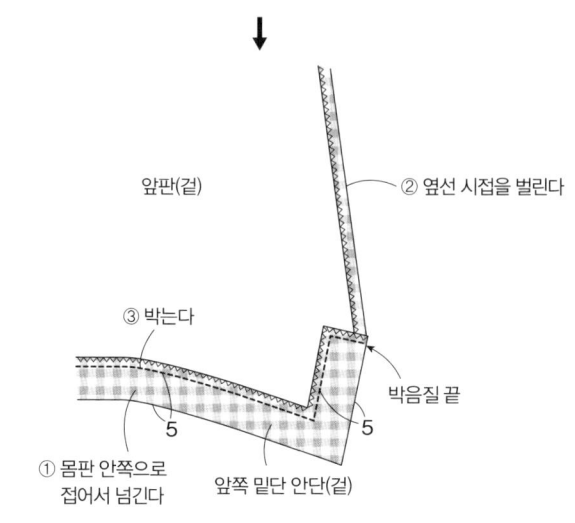

7 소맷부리를 박는다.

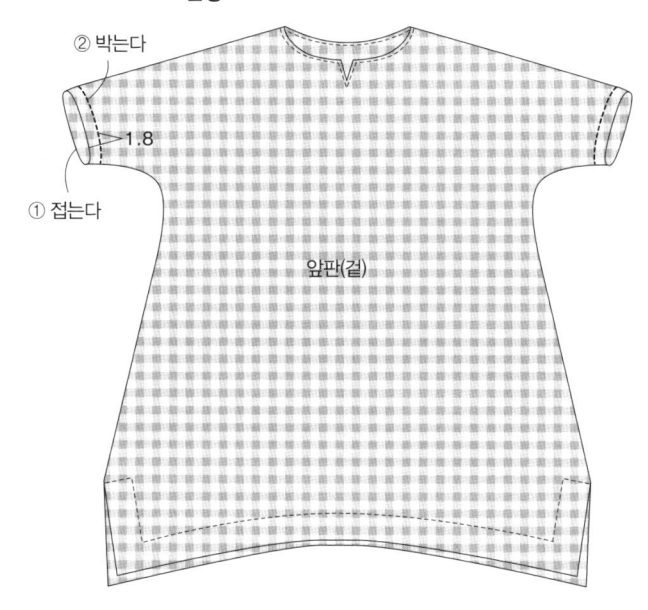

| 실루프 만드는 법 |

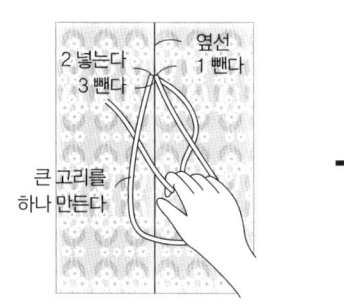
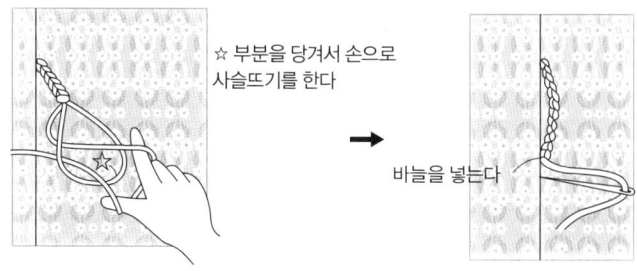

page 28 _ 19   page 29 _ 20

스모크 스타일 원피스

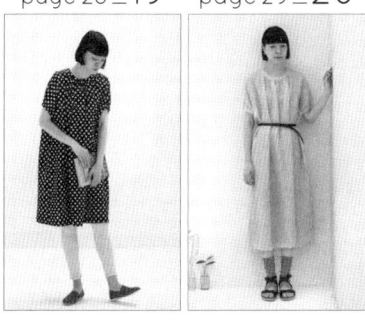

재료		사이즈	S~M	L~LL
19 옷감(물방울무늬 리플)		108cm 폭	2m 40cm	2m 50cm
20 옷감(리넨 줄무늬)		110cm 폭	2m 80cm	2m 90cm
접착심지(니혼바이린 FV-2N)		112cm 폭	30cm	30cm
단추		지름 1.15cm	4개	4개
납작 고무줄		1.5cm 폭	70cm	70cm
완성 사이즈	19 전체 길이		98.5cm	101.3cm
	20 전체 길이		115.5cm	118.8cm

실물 크기 옷본 B면 20을 사용합니다.

● 사용하는 부분 : 앞판, 뒤판, 앞쪽 목둘레감, 뒤쪽 목둘레감, 덧댐천·밑덧단

※ 19는 길이를 짧게 합니다.

19 · 20 옷본

= 20 실물 크기 옷본

2단으로 적힌 숫자는 S~M, L~LL 사이즈이고 하나만 있는 숫자는 공통

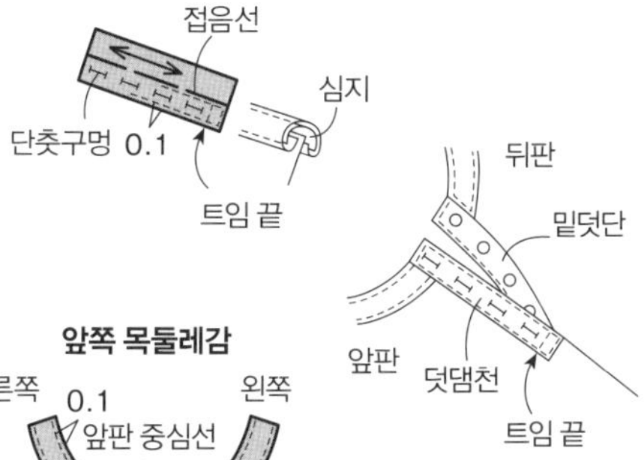

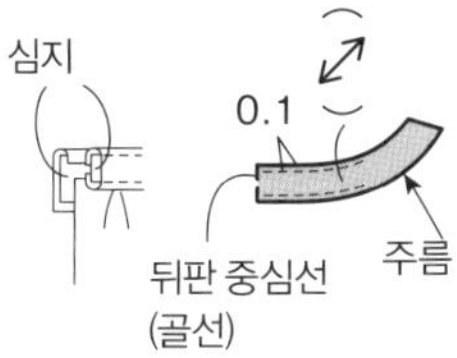

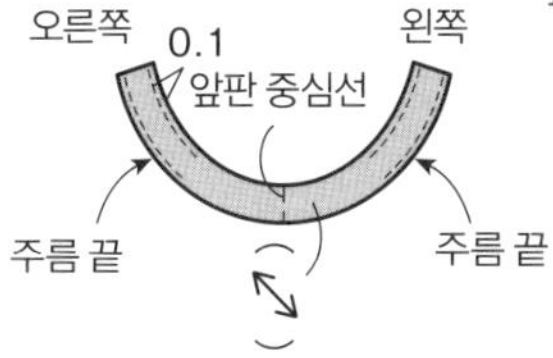

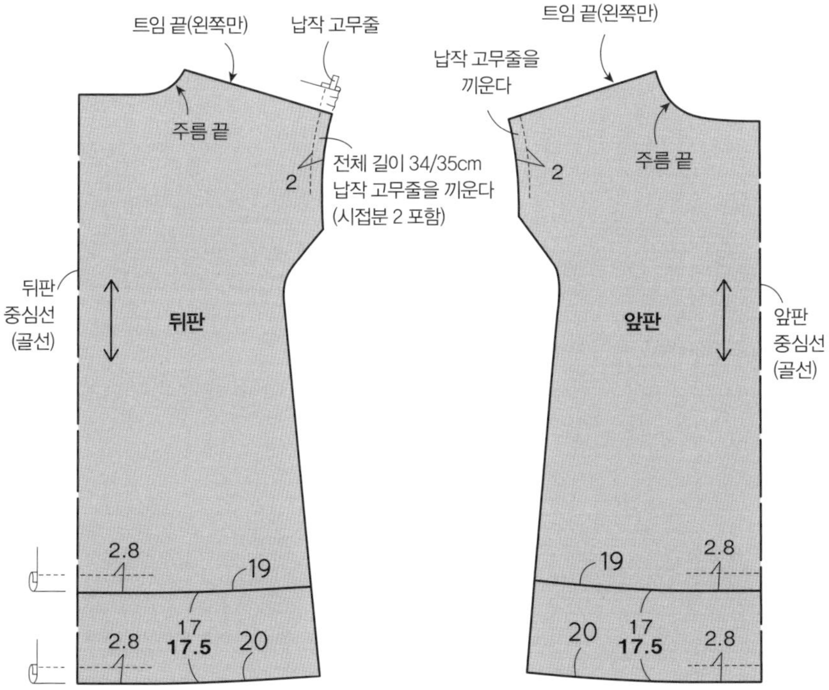

옷감을 마름질하는 법

= 접착심지 붙이는 부분

정해진 곳 이외의 시접은 모두 1cm

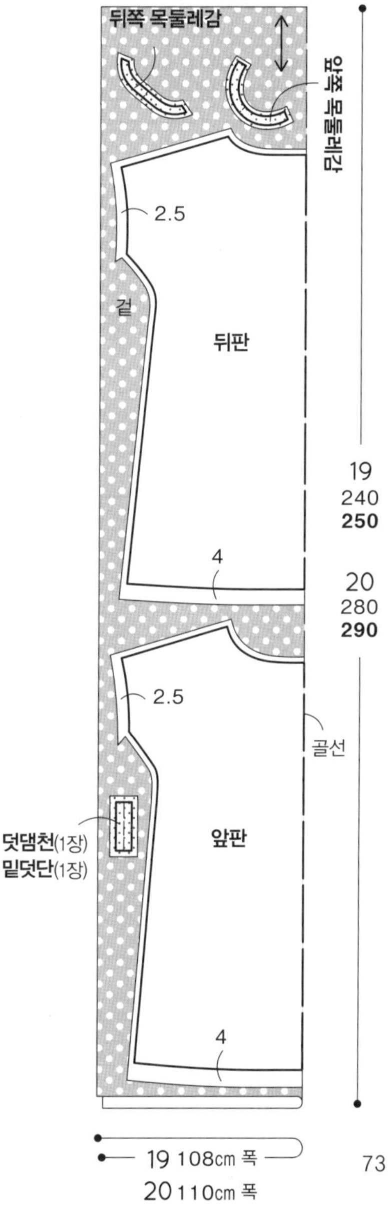

만드는 법

준비 작업 : ① 왼쪽 어깨의 덧댐천 다는 위치의 1cm 안쪽을 자른다.
② 접착심지를 붙인다.
③ 마름질하여 가장자리를 지그재그로 박는다. (어깨선, 소맷부리, 안 목둘레감)

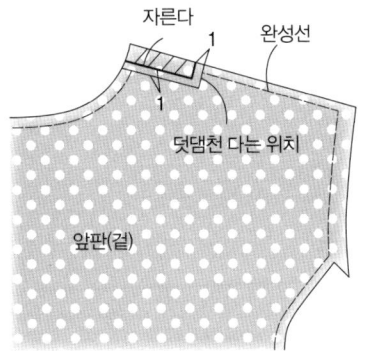

1 목둘레감을 만든다.

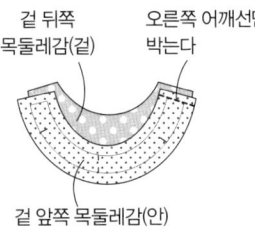

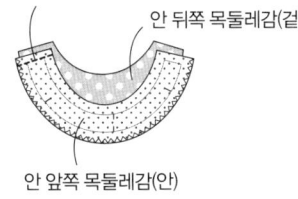

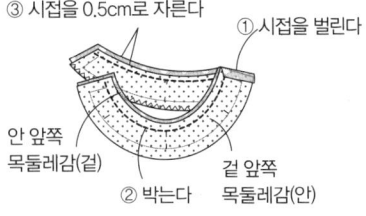

2 오른쪽 어깨선을 박는다.

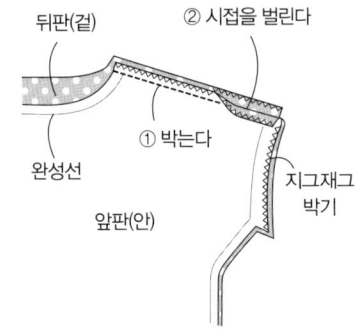

3 몸판에 주름을 잡고 목둘레감을 단다.

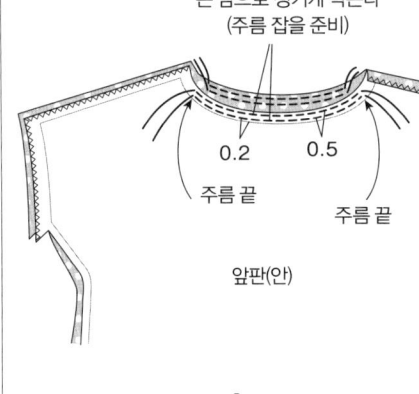

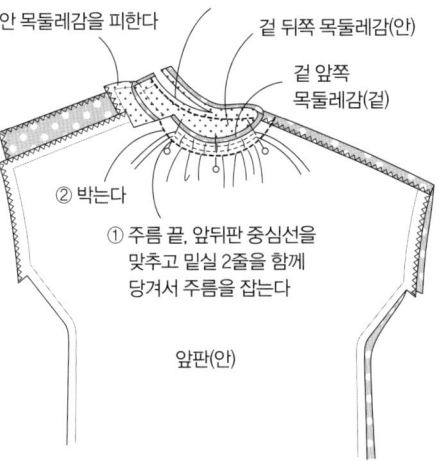

4 밑덧단을 만든다.

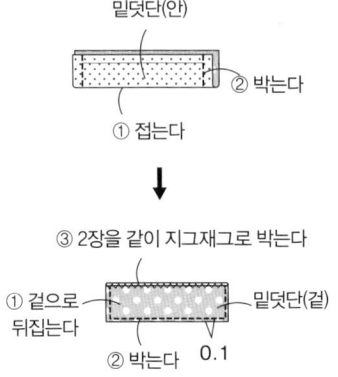

5 밑덧단을 단다.

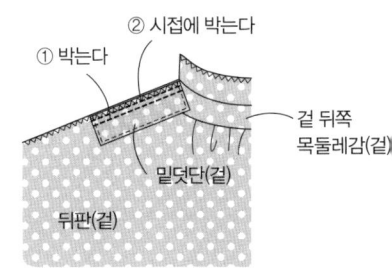

6 목둘레감 둘레를 박는다.

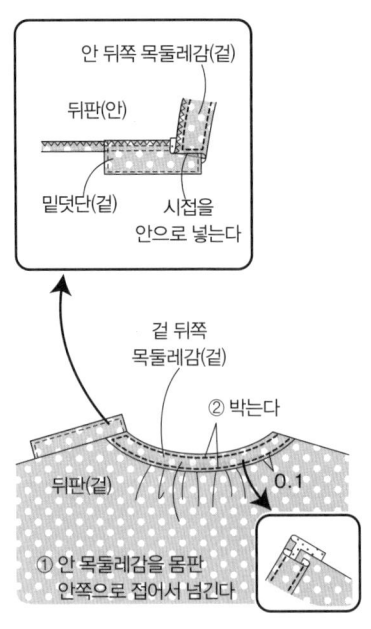

7 왼쪽 어깨선을 박는다.

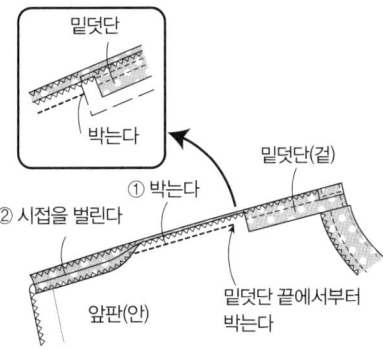

8 덧댐천을 만든다.

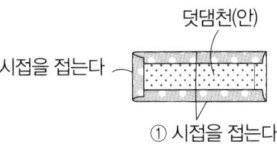

9 덧댐천을 단다.

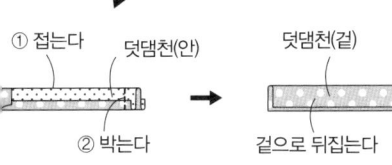

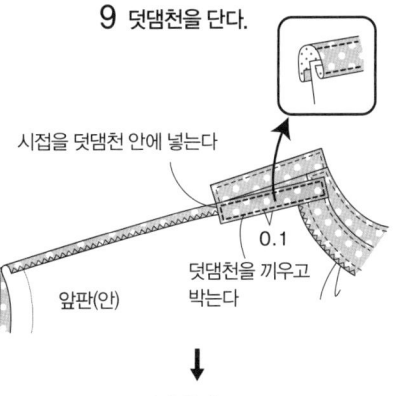

10 소맷부리를 박아서 납작 고무줄을 끼운다.

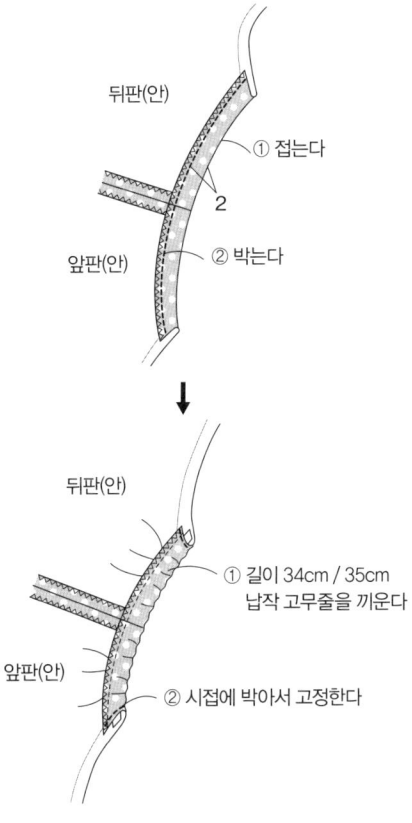

11 옆선을 박는다.

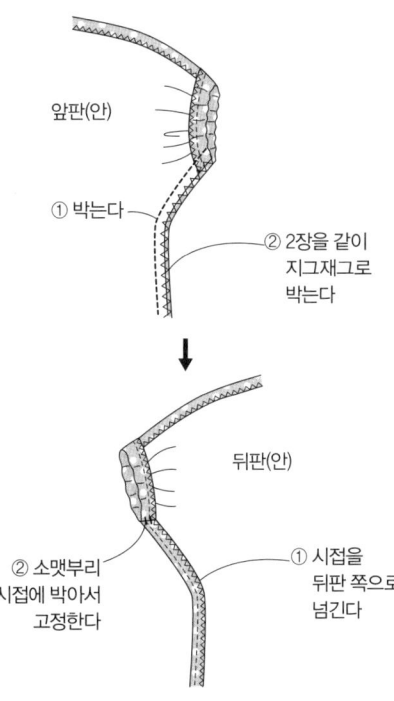

12 밑단을 박는다.

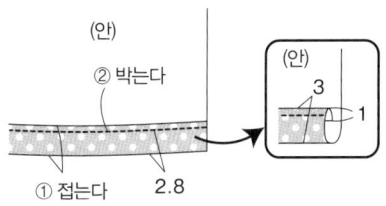

13 단춧구멍을 만들고 단추를 단다.
※ 단추 다는 법은 84쪽 참조.

19

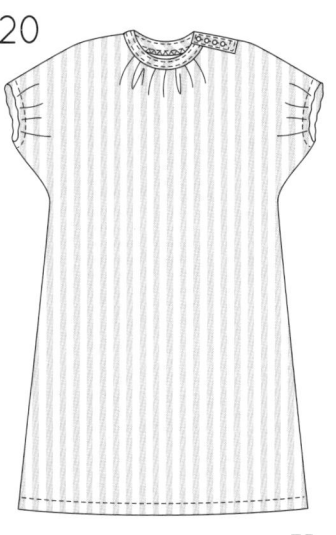

20

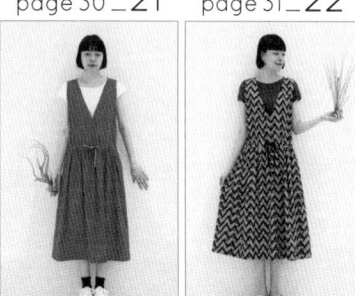

카슈쾨르 스타일 원피스

재료	사이즈	S~M	L~LL
21 옷감(면마 캔버스)	110cm 폭	3m 20cm	3m 30cm
22 옷감(면마 캔버스)	108cm 폭	3m 20cm	3m 30cm
접착심지(니혼바이린 FV-2N)	5cm 폭	5cm	5cm
그로그랭 테이프	1.5cm 폭	1m 60cm	1m 70cm
완성 사이즈	전체 길이	117cm	120.3cm

실물 크기 옷본 B면 21을 사용합니다.

● 8 사용하는 부분: 앞판, 뒤판, 앞쪽 덧댐천, 뒤쪽 덧댐천

※ 치마 앞·뒤판, 바이어스감은 직선 부분이므로 옷감에 직접 그려서 마름질합니다.

21 · 22 옷감을 마름질하는 법

 = 접착심지 붙이는 부분

정해진 곳 이외의 시접은 모두 1cm

21 · 22 **옷본 · 제도**

= 21 실물 크기 옷본

2단으로 적힌 숫자는 S~M, L~LL 사이즈이고 하나만 있는 숫자는 공통

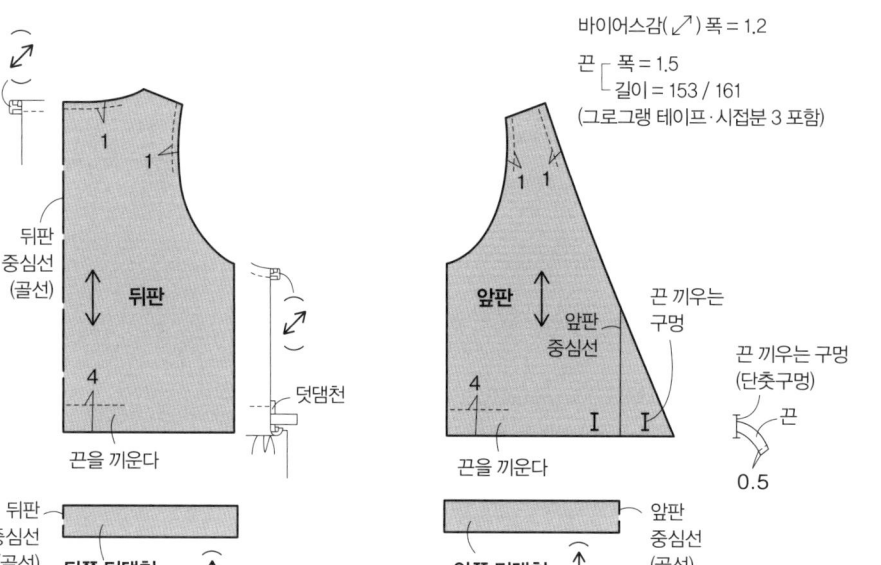

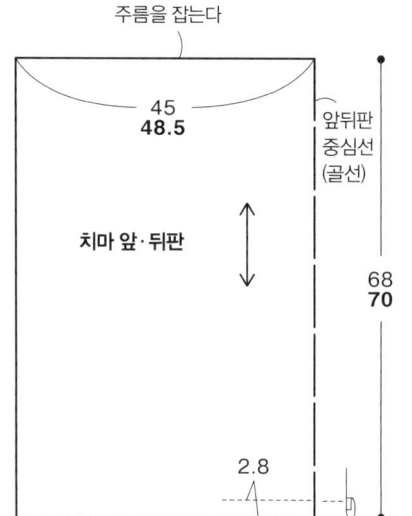

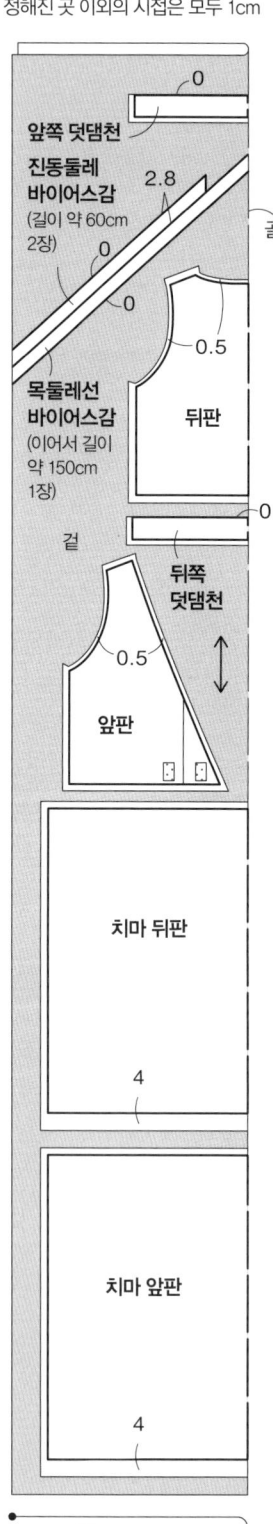

76

만드는 법

준비 작업 : 마름질하여 가장자리를 지그재그로 박는다.
(어깨선, 옆선, 덧댐천)

1 어깨선을 박는다.

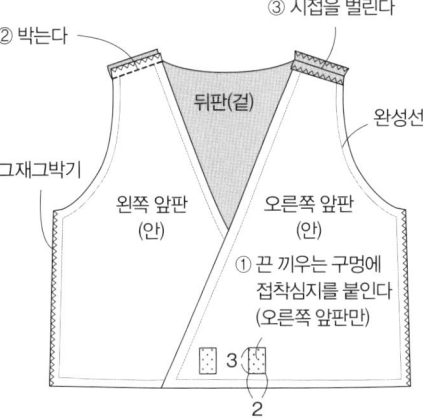

2 목둘레선, 진동둘레, 옆선을 박는다.

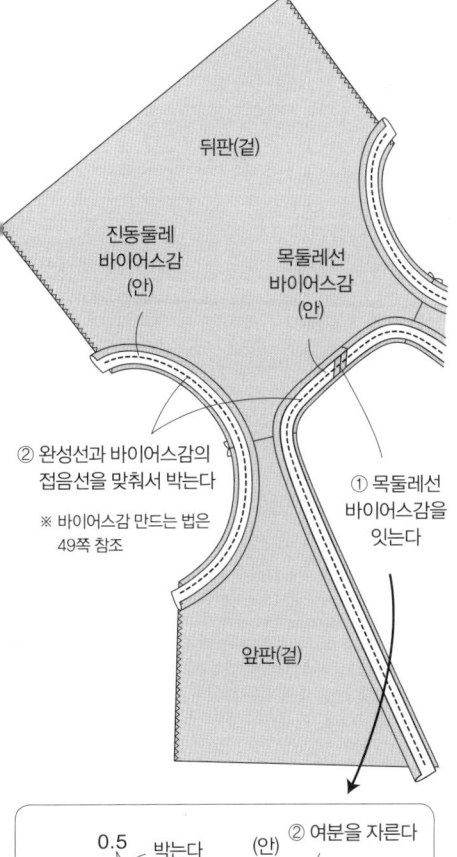

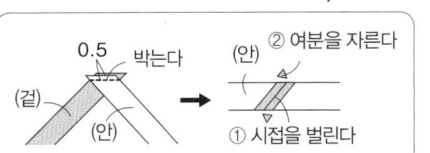

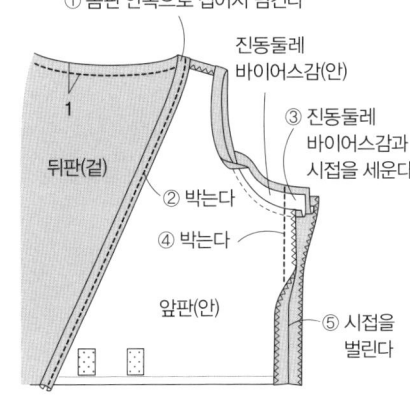

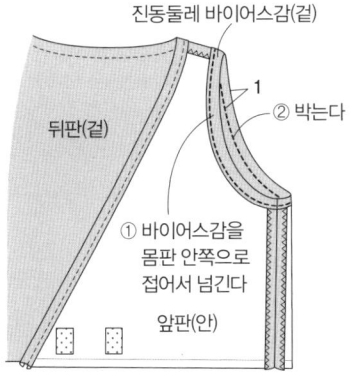

3 끈 끼우는 구멍을 만든다.

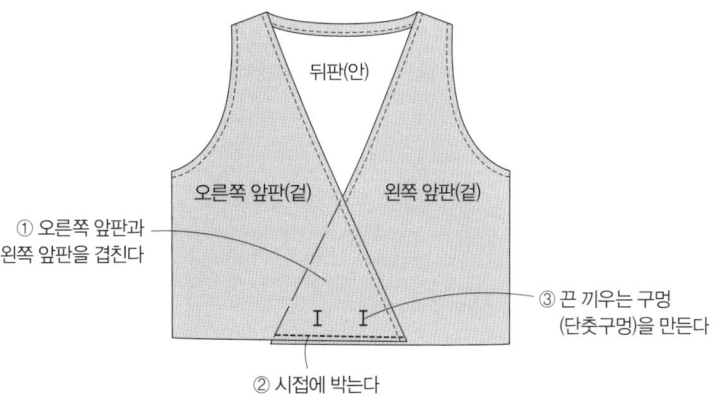

4 덧댐천을 만들어서 단다.

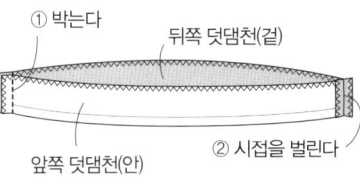

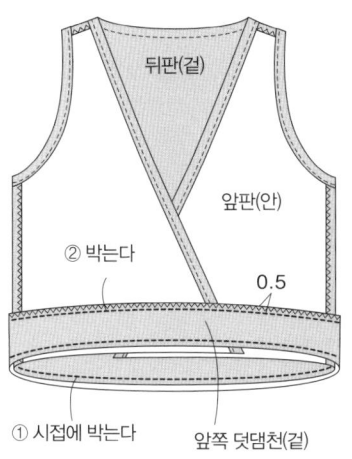

5 치마를 만든다.

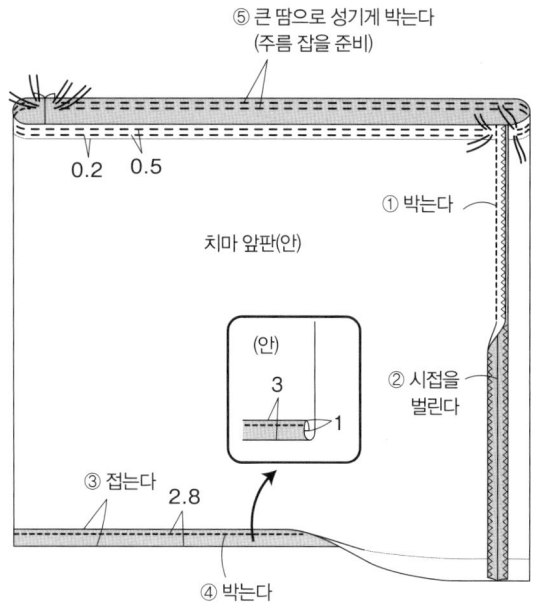

6 몸판과 치마를 잇는다.

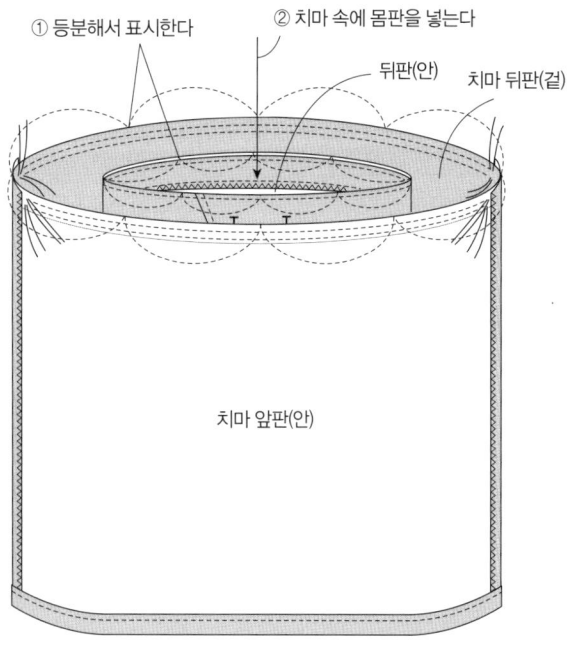

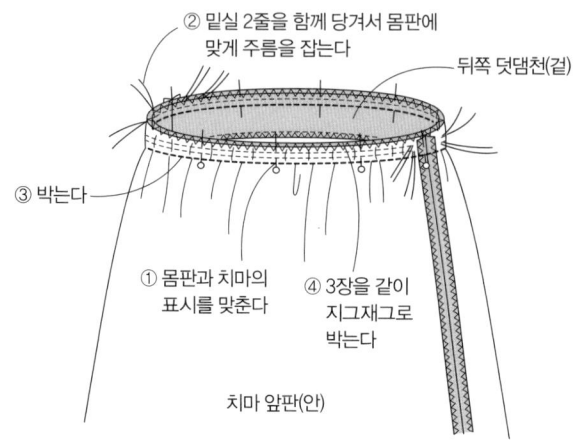

7 끈을 덧댐천에 끼운다.

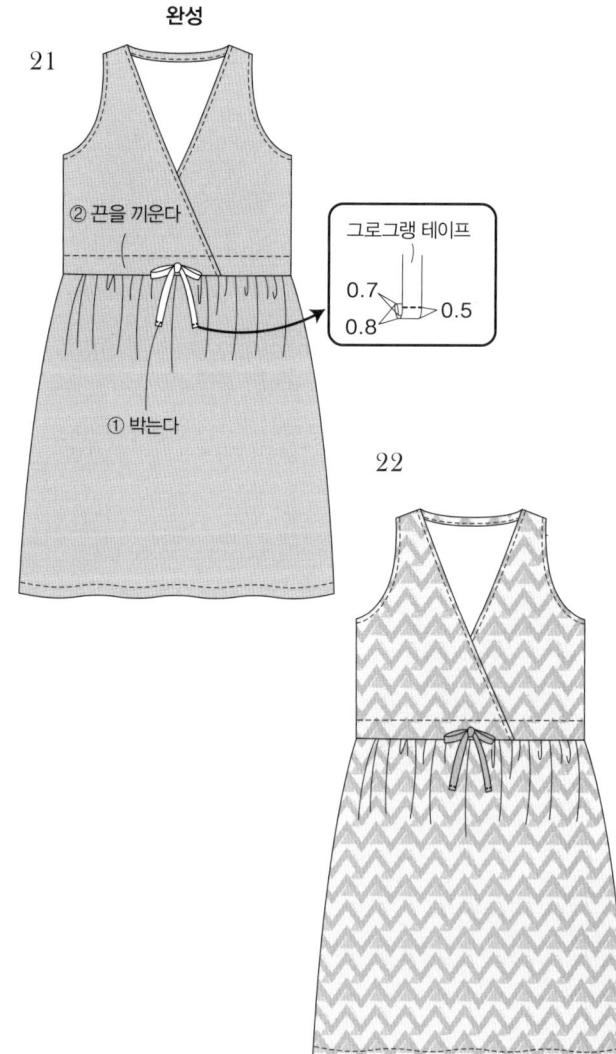

page 32 _ 23 등 리본 원피스

재료	사이즈	S~M	L~LL
옷감(컴피 리넨)	110cm 폭	3m 40cm	3m 60cm
접착심지(니혼바이린 FV-2N)	112cm 폭	60cm	60cm
완성 사이즈	전체 길이	121.5cm	125.3cm

실물 크기 옷본 A면 23을 사용합니다.

● 사용하는 부분 : 앞판, 뒤판, 앞쪽 안단, 뒤쪽 안단

※ 치마 앞·뒤판, 리본, 바이어스감은 직선 부분이므로 옷감에 직접 그려서 마름질합니다.

옷감을 마름질하는 법

▨ = 접착심지 붙이는 부분

정해진 곳 이외의 시접은 모두 1cm

23 옷본 · 제도

■ = 23 실물 크기 옷본

2단으로 적힌 숫자는 S~M, L~LL 사이즈이고 하나만 있는 숫자는 공통

바이어스감(↗) 폭 = 1.2

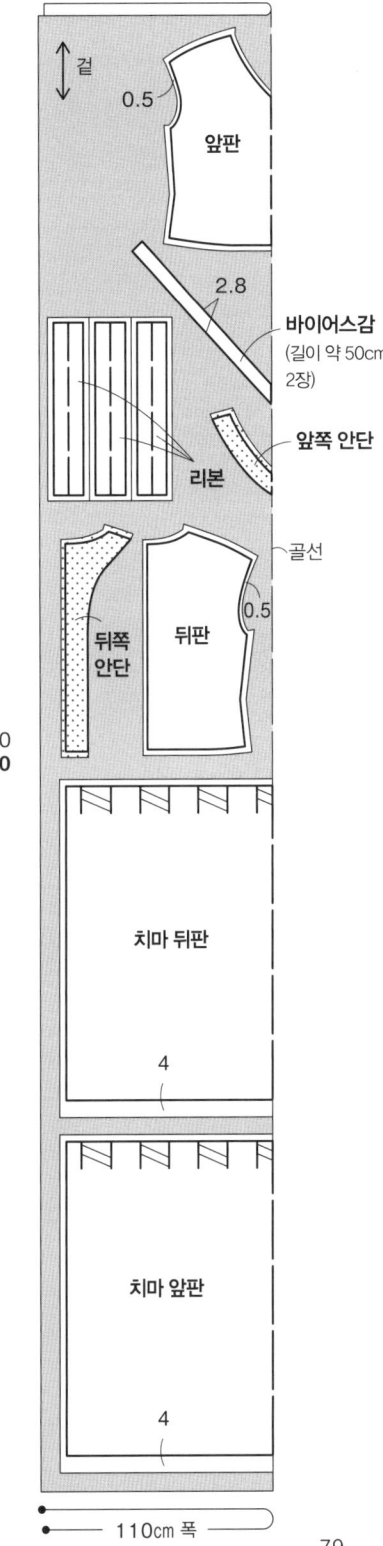

만드는 법

준비 작업 : ① 접착심지를 붙인다.
② 마름질하여 가장자리를 지그재그로 박는다. (어깨선, 옆선, 안단)

1 어깨선을 박는다.

2 안단 어깨선을 박는다.

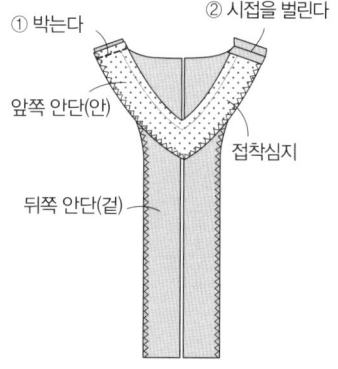

3 리본을 만들어서 단다.

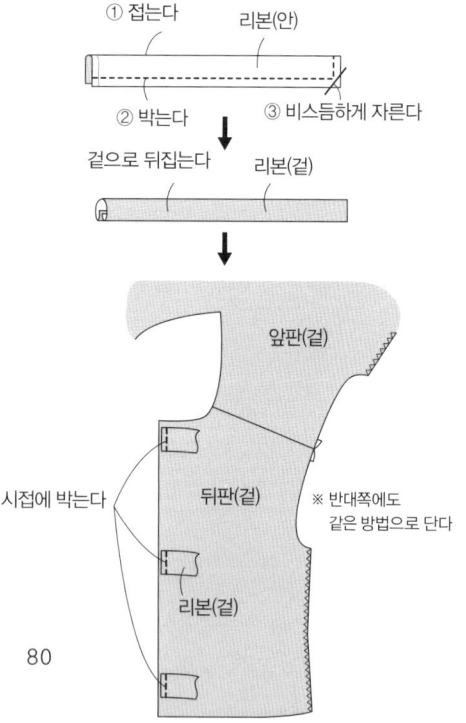

4 안단을 달고 진동둘레를 박는다.

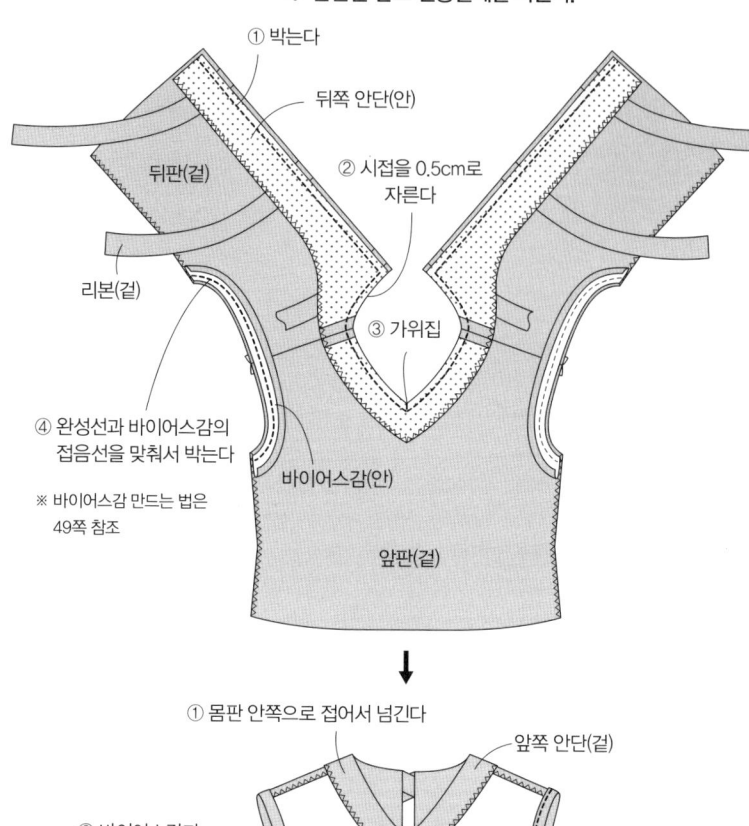

5 치마 앞뒤판에 접박기를 한다.

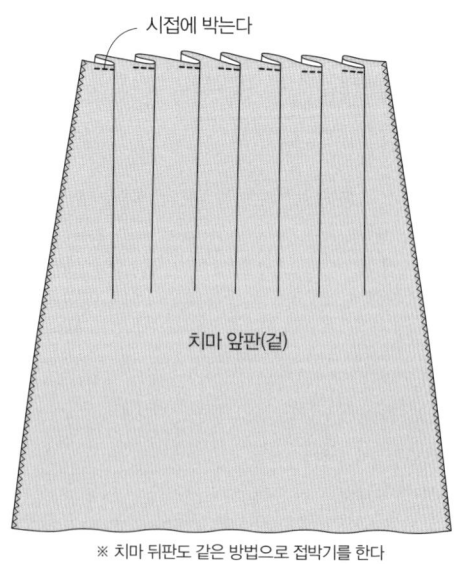

※ 치마 뒤판도 같은 방법으로 접박기를 한다

6 치마 옆선을 박는다.

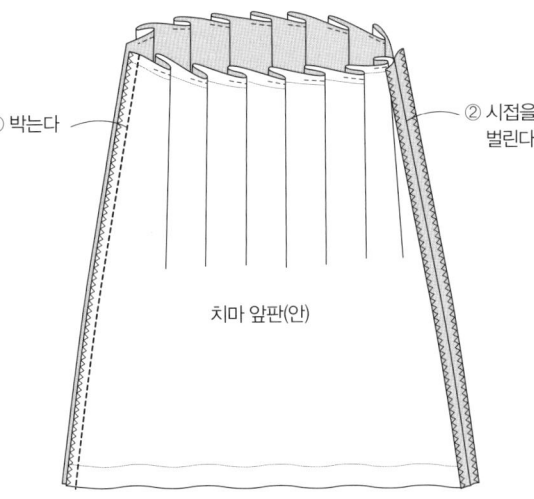

7 몸판과 치마를 잇고 치맛단을 박는다.

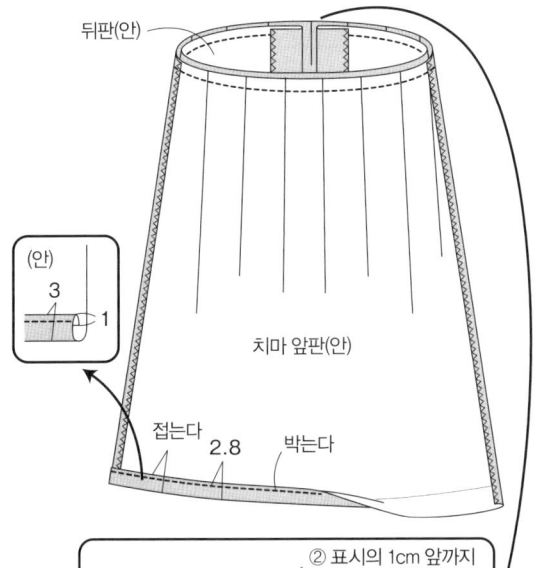

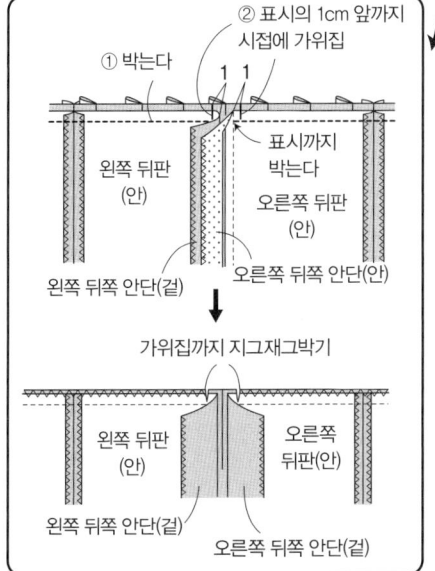

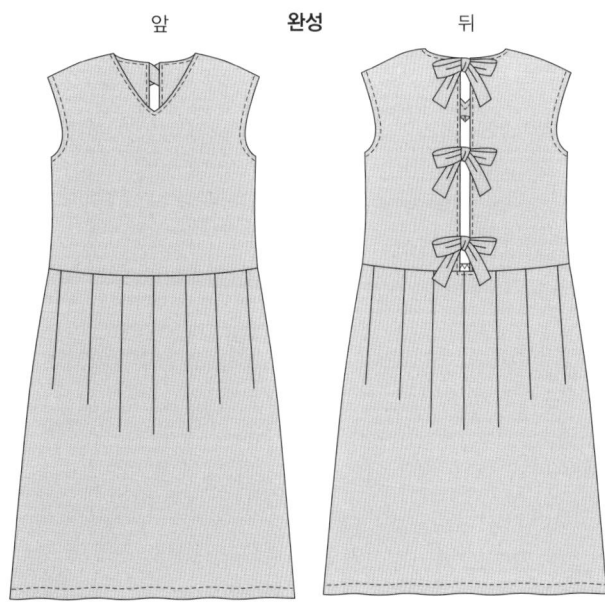

page 34 _ 24 2way 코트 원피스

재료	사이즈	S~M	L~LL
옷감(스탠더드 리넨)	140cm 폭	3m 80cm	3m 90cm
접착심지(니혼바이린 FV-2N)	112cm 폭	1m 20cm	1m 30cm
단추	지름 1.15cm	10개	10개
완성 사이즈	전체 길이	113.5cm	116.8cm

실물 크기 옷본 A면 24를 사용합니다.

● 사용하는 부분 : 앞 · 뒤판, 소매, 앞쪽 안단, 뒤쪽 안단
※ 치마 앞뒤판, 주머니는 직선 부분이므로 옷감에 직접 그려서 마름질합니다.

24 옷본 · 제도

= 24 실물 크기 옷본

2단으로 적힌 숫자는 S~M, L~LL 사이즈이고 하나만 있는 숫자는 공통

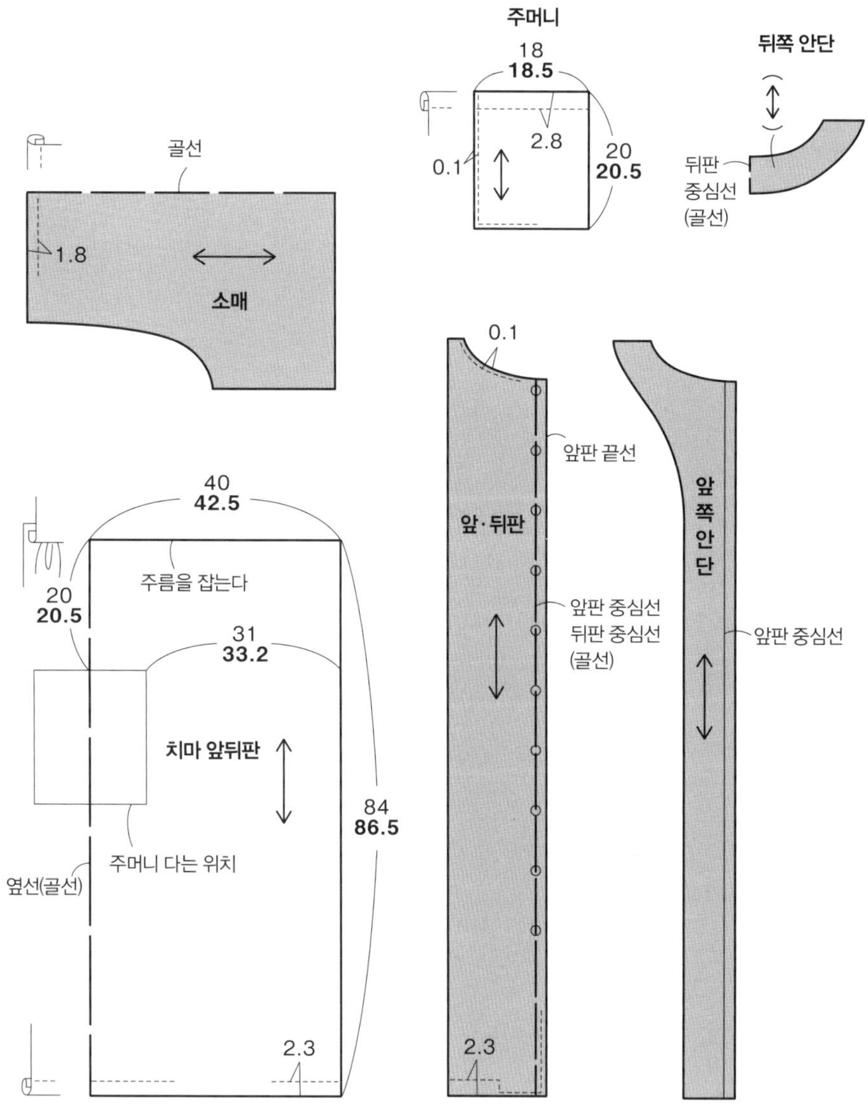

옷감을 마름질하는 법

= 접착심지 붙이는 부분

정해진 곳 이외의 시접은 모두 1cm

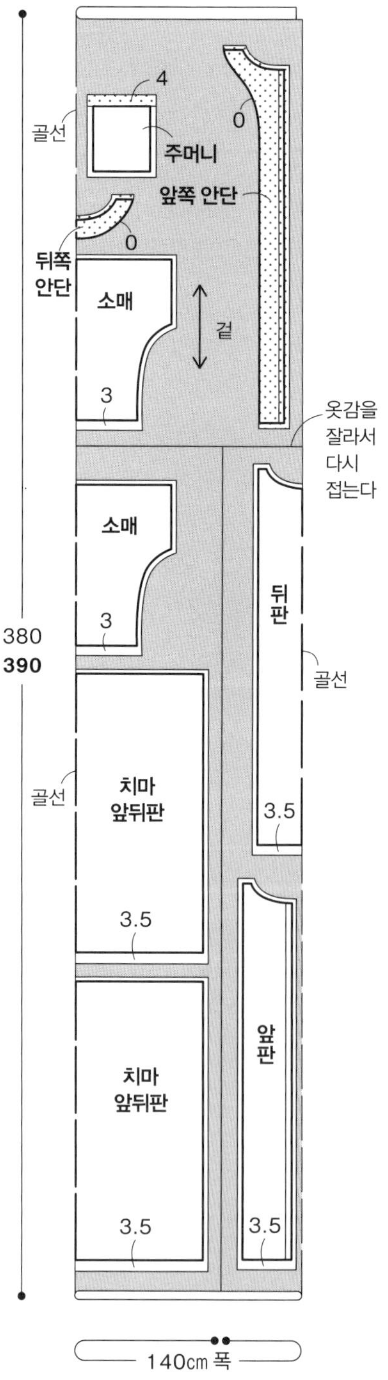

140cm 폭
380 / 390

만드는 순서

※ 2~5 만드는 법은 39~40쪽 참조.

1. 주머니를 만들어서 단다.
2. 소매 옆선을 박는다.
3. 소맷부리를 박는다.
4. 치마에 주름을 잡는다.
5. 소매와 치마를 잇는다.
6. 어깨선을 박는다.
7. 앞·뒤판과 소매·치마를 잇는다.
8. 안단 어깨선을 박는다.
9. 안단을 단다.
10. 밑단을 박는다.
11. 단춧구멍을 만들고 단추를 단다.

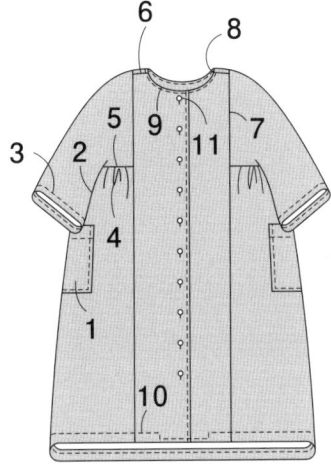

만드는 법

준비 작업 : ① 접착심지를 붙인다.
② 마름질하여 가장자리를 지그재그로 박는다.
(주머니, 어깨선, 안단)

1 주머니를 만들어서 단다.

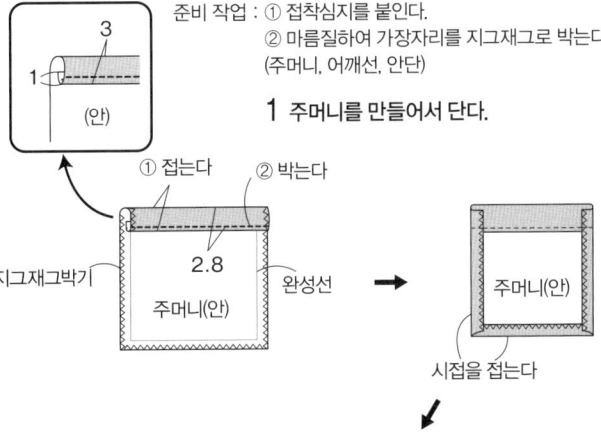

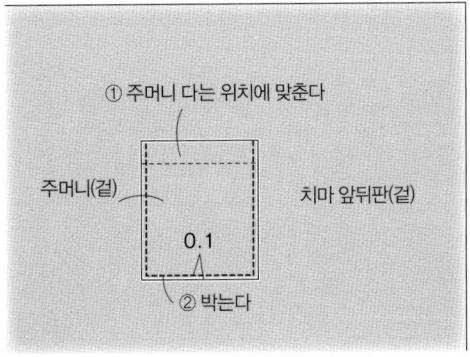

6 어깨선을 박는다.

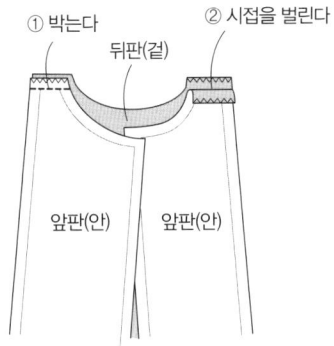

7 앞·뒤판과 소매·치마를 잇는다.

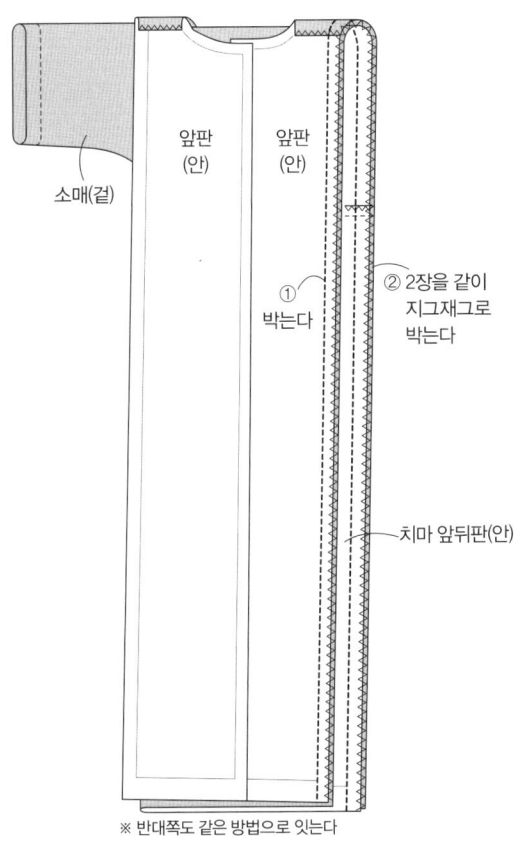

※ 반대쪽도 같은 방법으로 잇는다

8 안단 어깨선을 박는다.

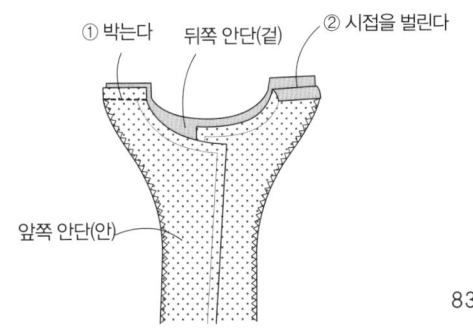

9 안단을 단다.

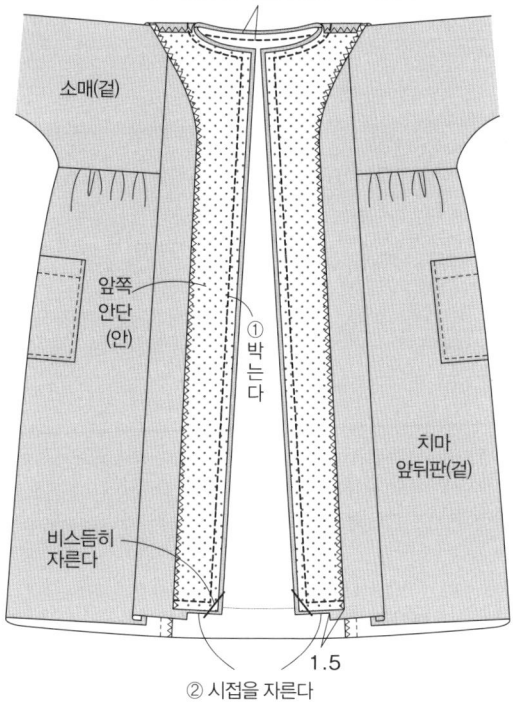

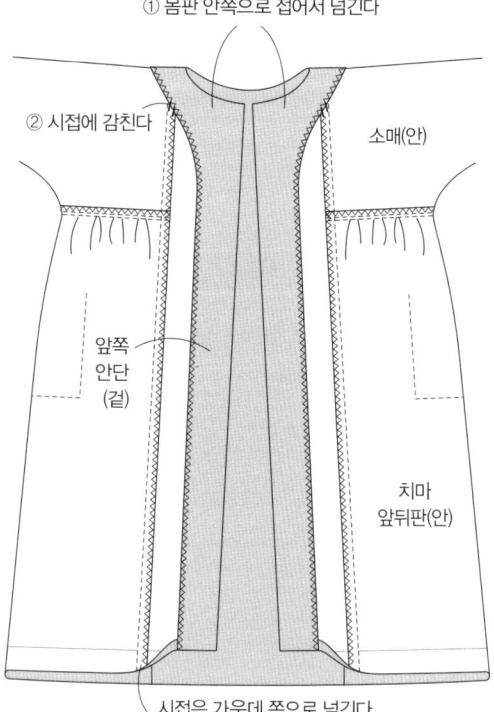

완성

10 밑단을 박는다.
11 단춧구멍을 만들고 단추를 단다.

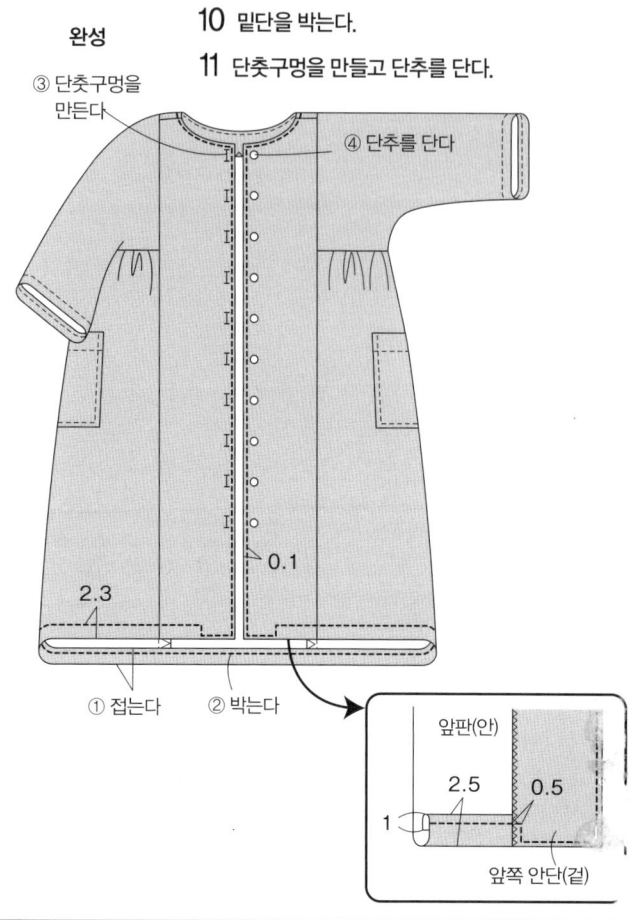

단추 위치와 단춧구멍 만드는 법

재봉틀에 있는 기능을 이용하여 단춧구멍 스티치를 합니다. 너무 많이 잘리지 않도록 시침핀을 스토퍼로 꽂아 두고 가위나 실뜯개로 가위집을 냅니다.

단추 다는 법
※ 다리 달린 단추일 때는 실기둥을 만들지 않는다.